편하게 만나는 프랑스 철학

루소와의
1시간

편하게 만나는 프랑스 철학

루소와의
1시간

초판 1쇄 인쇄 2019년 8월 8일
초판 1쇄 발행 2019년 8월 15일

_

지은이 이명곤
펴낸이 이방원
기획위원 원당희
편 집 윤원진 · 송원빈 · 김명희 · 안효희 · 정조연 · 정우경
디자인 손경화 · 박혜옥   **영 업** 최성수   **마케팅** 이미선

_

펴낸곳 세창출판사
출판신고 1990년 10월 8일 제300-1990-63호
주소 03735 서울시 서대문구 경기대로 88 냉천빌딩 4층
전화 02-723-8660   **팩스** 02-720-4579
이메일 edit@sechangpub.co.kr   **홈페이지** http://www.sechangpub.co.kr/

_

ISBN 978-89-8411-895-9 02160

이 도서의 국립중앙도서관 출판시도서목록(CIP)은 서지정보유통지원시스템 홈페이지(http://seoji.nl.go.kr)와
국가자료공동목록시스템(http://www.nl.go.kr/kolisnet)에서 이용하실 수 있습니다.(CIP제어번호: 2019029077)

루소와의
1시간

편하게 만나는
프랑스 철학

이명곤 지음

세창출판사

혁명적인 사상가 루소

파리의 도시 가판대에서 가장 흔하게 볼 수 있는 표어가 있는데, 그것은 "'아니오!'라고 말할 수 있는 사람celui qui peut dire 'Non!'"이라는 명구이다. 이 명구는 '용기 있는 사람'을 상징하는 말이다. 그리고 이 명구 밑에는 제복을 입고 있는 한 군인의 사진이 보인다. 바로 샤를 드골 장군이다. 프랑스 사람들에게 샤를 드골 장군은 한국 사람들에게 있어서 이순신 장군에 비길 만한 사람이다.

2차 대전 당시 독일군이 파죽지세로 유럽을 점령해 갔을 때, 프랑스 정부는 프랑스가 독일에 전면적으로 대항할 것인지, 적절하게 독일에 협력하면서 프랑스의 피해를 최대한 줄일 것인지 고민하고 있었다. 모두가 협력하는 것이 프랑스를 위하는 길이라고 생각하였지만, 오직 한 사람, 드골 장군만이 불의에 타협하는 치욕적인 역사를 남길 수 없다고 생각하며

반대하였다. 그리고 그는 영국으로 건너가 '레지스탕스'를 조직하여 독립운동을 감행하였다. 1944년 프랑스가 해방되자, 드골은 임시정부의 주석이 되었고, 나중에는 제5공화국의 대통령에 취임하였다.

드골은 프랑스인들에게 용기 있는 사람의 상징이 되었다. 그렇다면 프랑스인들에게 가장 용기 있는 프랑스 철학자는 누구일까? 대다수는 아마도 '루소Jean-Jacques Rousseau'라고 답할 것이다. 흔히 역사는 민중의 힘에 의해 이루어진다고 말하곤 하지만, 이러한 민중의 힘도 그 이전에 '용기 있는 위인'의 숨은 노력이 없었다면 불가능할 것이다.

루소는 모두가 문명과 역사의 발전을 찬미하는 그 순간에 오히려 "문명이 인간성을 파괴하는 악"이라고 주장하면서 역사 발전의 물꼬를 튼, '아니오!'라고 말할 수 있었던 용기 있는 사상가였다. 무엇이 루소로 하여금 '아니오!'라고 말하게 하였으며, 루소는 무엇 때문에 주류 문명에 반기를 들고 저항하였던 것일까? 그리고 인류 역사의 흐름을 바꾼 루소의 '위대한 용기'는 어디에서 온 것일까?

○ 프랑스 혁명의 도화선이 된 실천적인 사상가

한국사에서 1945년이 역사적으로 가장 의미 있는 해라고 한다면, 프랑스 역사에서는 1789년이 가장 위대하고 기념비적인 해이다. 이해의 7월 14일에는 파리시민의 봉기가 있었고, 「인권 선언」과 「시민권 선언」을 선포하면서 일체의 군주제를 폐지하고 공화국république을 이룩하였다. 즉 1789년은 프랑스 혁명이 발발한 해이다. 세계사에 획을 긋고 인류 정치사의 방향을 바꾸게 한 프랑스인들의 위대한 업적에 가장 크고 직접적으로 영향을 끼친 철학자는 루소였다.

"자연으로 돌아가자!"라는 명언을 남긴 프랑스의 철학자 장 자크 루소. 그는 『사회계약론』, 『에밀』 등 많은 명저를 통해 기존 사회체제에 강한 비판을 가하기도 했다.

특히 그의 『사회계약론le Contrat Social』에서 보여 준 '공화국에 대한 비전'이 큰 영향을 끼쳤음은 프랑스인이라면 누구도 의심하지 않는다.•

• 1789년 7월 14일 혁명이 시작되었을 때, 과격파 혁명가였던 '장 폴 마라'는 파리 시민 앞에서 루소의 『사회계약론』을 낭독하였고, 삼부회의 평민 대표로 선출된 '로베스피에르'는 「루소에게 바치는 찬사」라는 선언문을 작성하였습니다. 혁명의 구호였던 '자유'와 '평등' 역시 『사회계약론』의 주된 이념이었죠. 즉 프랑스 혁명은 전체적으로 루소의 정치사상에 기반을 둔 것이었습니다.

혁명 이후 4년 만에 프랑스 정부가 '에르므농빌'에 있던 그의 묘지를 '프랑스를 빛낸 가장 위대한 위인들'이 묻힌다는 '판테온Panthéon'으로 옮긴 것이나, "루소와 함께 새로운 시대가 시작되었다"라고 말한 괴테의 말은 이를 증언해 주고 있다.

루소의 철학함의 출발점은 근본적으로 사회적이고 실천적인 목적에 위치해 있다. 그는 인간의 존엄성과 사회적 불평등에 대한 사색을 통해서 절대군주에 대한 폭넓은 비판을 시도하였는데, 이를 통해 1789년의 「인권 선언」과 「시민권 선언」의 원칙들을 밝혀 준 것이다.

자신이 살고 있던 사회의 지배적인 권력구조를 비판하면서 새로운 사회적 희망을 위한 실천적인 원리들을 제공하고, 구체적인 혁명을 이끌어 내게 한 철학자가 바로 루소이다. 그렇기 때문에 루소의 저작들은 현대의 민주시민을 자처하는 모든 사람의 독서목록에서 빠지지 않는다.

루소의 『사회계약론』이 위대한 민주주의의 이론을 담고 있다면, 그의 『에밀』은 오늘날 여전히 프랑스의 교육자들이 소중한 유산으로 다루고 있는 구체적인 교육이론서이다. 그뿐만 아니라 루소는 오페라를 작곡하고 『음악사전』을 저술할 만큼 예술에 대해서도 탁월한 식견을 가지고 있었다. 게다가 『신엘로이즈』는 당시 문화적 도시생활에 몰두하던 상류계층에 "자연으로 돌아가자!"는 말로 자연친화적 삶에 대한 열풍을 일으킨 소설이었다.

즉 루소의 철학정신은 근본적으로 구체적인 삶의 문제와 밀접하게 연관되어 있다. 데카르트가 '분명함'이라는 프랑스 철학의 한 특징을 보여 주었다면, 루소는 '구체적'이라는 프랑스 철학의 한 특징을 잘 보여 주었다.

○ 모순된 삶, 그러나 현대적인 합리성의 정신

그런데 "자연으로 돌아가자!"고 역설한 사상가가 어떻게 '계약으로서의 사회'를 주장할 수 있었을까요? 또 감성적이고 열정적인 사람이 어떻게 냉철하고 이성적인 사상서를 저술할 수 있었을까요? 루소는 참 묘한 사람 같은데요. 아래 설명을 들어 봅시다.

사실 루소에 대한 이미지는 양면적이고 모순적이다. 그 스스로가 자신을 "모순투성이의 사람"이라고 말하고 있듯이 루소라는 인물은 우선 '모순'된 사람처럼 나타난다. 자연과 본성을 찬미하고 새로운 음악표기법을 만들었으며 오페라를 작곡한 감성적인 사람이었지만, 또한 냉철한 이성으로 군주제를 비판하고 공화국의 기틀을 마련한 민주주의자였다. "자연으로 돌아가자"고 주장하였지만 또한 '이상적인 사회'를 기획하고 그것을 실현하기 위해 자신의 모든 것을 바친 사람이었다.

루소는 한 번도 공교육이란 것을 받아 본 적이 없었지만, 프랑스 교육사에 가장 영향력 있는 교육서를 저술하였다. 뿐만 아니라 평생을 이방인이자 경계인으로 살았음에도 '유럽식 사회주의'라는 현대유럽의 주류적인 사회체제를 낳은 사람, 이런 사람이 루소였다.

루소가 감성과 열정의 인물이었다는 것은 칸트가 루소를 읽다가 그의 규칙적인 산책시간을 어겼다는 유명한 일화가 상징적으로 보여 주고 있다. 또한 루소가 참으로 신중하고 이성적인 사람이었다는 것은 그의 『사회계약론』이 "10년 동안의 사색과 3년간의 집필을 통해서 탄생하였다"는 그의 말에서 잘 드러나고 있다.

루소는 감성과 이성의 모순, 자연과 문명의 모순 그리고 열정적인 저술가와 냉철한 철학자 사이의 모순을 보여 주고 있다. 그리고 이러한 모순이 그의 인생을 비극적으로 만든 것도 사실이다. 하지만 이는 단순한 모순이 아니라, 새로운 형태의 합리주의 혹은 현대적 형태의 지성주의라고 할 수 있는 것이다. 왜냐하면 이 모든 역설적이고 모순된 모습은 곧 '진실'이라는 하나의 단어에 수렴되기 때문이다. 루소는 그 스스로 자신은 기존의 그 누구와도 유사하지 않은 남다른 사람이었다고 고백하고 있다.

나는 내가 보아 온 누구와도 같지 않다. 그리고 나는 현재 살아 있는 누구와도 같지 않다. 내가 남보다 나은 인간은 아닐지라도 적어도 나는 남들과 다르다.

— 『고백록』, 서문

그렇다면 루소의 남다른 점 혹은 그의 진실은 무엇일까? 그의 진실은 인간성 그 자체에 대한 진실이요, 사회성에 대한 진실이요, 나아가 그의 인생 자체에 대한 진실이다. 어떤 사람들은 루소의 비극적인 인생은 "감정의 실패로 인한 광기가 이상적인 이념 안으로 피신하게 한 것"으로 생각하기도 한다. 하지만 이는 잘못된 생각이다. 루소가 감성적이고 열정적인 사람이었던 동시에 이성적이고 사회적이었던 것은 그의 인간에 대한 생각 그 자체에 비추어 지극히 자연스러운 것이었다. 루소가 생각하는 인간이란 "자연인이면서 동시에 사회적인 존재"이기 때문이다.

우선 모든 인간은 탄생과 더불어 '자연인'이다. 다시 말해 선한 본성을 가지고 있고 자유로운 존재로서의 자연인인 것이다. 하지만 그가 사회 안에서 탄생한다는 사실이 이를 망각하게 하고 이를 상실하게 하는 것이다.

인간은 본성적으로 선하지만, 사회가 이를 타락시켰다는 관점과 이러한 타락이 '자유'를 상실하게 하였다는 루소의 생각은 그의 저작과 사상에서 일관되는 관점이다. 디종의 아카데미에 제출한 「과학과 예술에 대한 논고」가 그러한 사실을 인간은 본성적으로 선하다.
이 본성을 타락시키는 것은 사회이다.

— 『고백록』, 1권 24

인간은 자유인으로 태어났으나
어디에서나 쇠사슬에 얽매여 있다.

— 『사회계약론』, 제1장

역사적으로 검증하면서 고발하고 있는 것이라면, 『신엘로이
즈』는 이런 타락한 본성을 치유하고 회복하기 위한 자연에서
의 삶을 소설로써 묘사한 것이라 할 수 있다.

그리고 『사회계약론』은 인간의 본성을 타락시키지 않는
혹은 사회악을 포함하지 않는 '이상적인 사회의 유형' 혹은
이러한 사회를 지향하는 차선의 사회에 대한 비전이다. 나아
가 『에밀』은 이런 '계약사회'에 어울리는 도덕적인 인간을 형
성하기 위한 '교육에 대한 구체적인 방법' 즉 일종의 '자연주

의 교육'을 제시하고 있다.

초기의 루소가 '자연적인 삶'을 찬양하였다면, 그것은 어린 시절에 '자연인'이란 순수하고 죄 없는 인간으로서 자연과 조화를 이루는 자유로운 인간이라고 보았기 때문이다. 또한 나중에 이상적인 '계약적 사회'를 강조한 것은 군주제였던 당시의 사회와 막 태동하고 있는 산업혁명의 기운이 너무나 많은 사회악을 포함하고 있었기 때문이었고, 이로 인해 너무나 많은 본성에 대한 억압과 자유의 상실이 일상화되었다고 보았기 때문이다.

"자연으로 돌아가자!"라고 외친 루소였지만 그는 사회를 형성하고 사회적 인간이 되는 것, 그 자체를 부정하지는 않았다. 오히려 그는 감성이 정상적으로 발전하지 못한다면 결코 '이상적인 사회적 인간'이 될 수 없다고 보았다. 이 때문에 모든 사람은 사회인이 되기 이전에 자연친화적인 삶을 통해 감성을 발전시킬 필요가 있다고 본 것이다.

우리는 여기서 파리의 화려한 도시문화에 환멸을 느끼고 마치 원시사회의 지상낙원과 같았던 아프리카의 아이티섬으로 떠나 버린 고갱을 떠올려 볼 수 있을 것이다. 당시 고갱

잠깐!!!

루소가 활동하였던 시대의 유럽은 여전히 군주제와 봉건제가 삶
의 틀을 유지하고 있었고, 또 루소의 전성기 시절에 영국에서 막
산업혁명이 발발(1760년)하고 있었습니다. 따라서 루소가 당시 사
회에 대해서 비판적이었던 이유로 두 가지를 들 수 있습니다.

하나는 군주제와 봉건제라는 정치적 상황이 인간의 존엄성과
평등을 불가능하게 하였고, 다른 하나는 산업혁명으로 인한 자
본주의의 발전이 인간의 불평등을 가속화하고 자연과의 친화를
방해하며 이로써 인간의 감성적인 발전을 저해하였기 때문입니
다. 후자의 문제를 해결하기 위해서는 '자연친화적인 삶'이 요청
되었고, 전자의 문제를 해결하기 위해서는 인간의 자유와 평등
을 보장할 민주사회 즉 '공화국(계약사회)'이 요청되었지요.

이 추구하였던 것은 근대문명이 상실해 버렸던 '원시적 건강
미'였다고 미학자들은 말하고 있지 않는가! 루소 역시 인간
이 탄생과 더불어 가지고 있었던 그 '순수한 본성'을 인간이
가진 가장 값진 보물로 생각하였고, 이를 상실하게 하는 물

지적인 능력과 정념은 서로 많은 영향을 주고받는다. 바로 이 지적인 능력과 정념의 활동에 의해 이성이 완전하게 된다. … 욕망도 두려움도 없는 인간이 추론하는 고통을 스스로 취할 리는 없다.

— 『인간 불평등 기원론』, 제1부

질문명에 대해서 환멸을 느끼고 있었던 것이다. 아마도 루소의 유일한 생각은 "인간 본성의 '원초적인 순수성'을 상실하지 않으면서 어떻게 건전한 사회인으로 성장할 수 있는가?"였을 것이다.

그는 자연적인 인간의 발전이 곧 사회적인 인간으로의 성장이라고 보았다. 그리고 모든 개인이 '사회'라는 공동체의 일원으로 성장해야 하는 것이 필연이라고 한다면, 과연 "인간이 애초에 지녔던 선한 본성과 자유를 상실하지 않고 잘 발전시킬 수 있는 사회란 어떠한 사회여야 하는가?"를 묻지 않을 수 없었던 것이다. 바로 여기에 '현대적 의미의 합리성'이 있다. 단순히 사유하는 이성의 주체성을 강조하거나 혹은 이성을 부정하고 '감성'이나 '의지'를 찬미하는 것이 아니라 감성과 이성의 조화와 일치, 혹은 건전한 감성의 발전을 내포하고 있는 이성적인 인간을 지향하였던 것이다. 다시 말해 루소는 건전한 감성의 발전이라는 토대 위에 사회공동체의 일원으로서의 냉철한 이성적인 인간을 추구하였다.

> 감성이 활성화됨으로써 이성이 개선된다. 왜냐하면 우리는 향유할 목적으로 이성을 갈구하고 있기 때문이다. 두려움도 없고 욕망도 없는 인간이 무언가 추론하느라고 애쓸 이유는 없다.
>
> — 『인간 불평등 기원론』, 제1부

○ 문명에 대한 비판, 역설적인 정신

루소가 일종의 새롭고 정의로운 사회에 대해 질문을 던진 근본적 이유는 무엇일까? 그것은 인류사에서 '사회'라는 것이 '인간성'에 대한 올바른 비전 및 인류의 자유와 행복을 구현하기보다는 오히려 인간성을 왜곡하고 자유를 박탈하며, 나아가 불행을 야기하였다고 보았기 때문이다. 그는 「과학과 예술에 대한 논고」에서 '그리스문명'과 '로마제국의 문명' 모두에 대해서 신랄하게 비판하고 있는데, 그도 그럴 것이 두 문명은 모두 인간성에 대한 올바른 '진실'과 '진리'를 보여 주는 대신에 왜곡되고 타락한 모습을 보여 주었기 때문이다.

여러분! 여기서 그리스문명과 중세의 기독교문명에 대한 루소의 분석을 오해해서는 안 될 것입니다. 이러한 루소의 분석은 '문명' 혹은 '문화'에 대한 정치철학적인 분석이지, 그들의 철학사상이나 세계관에 대한 분석이 아닙니다. 이는 공산주의 국가들의 문화나 문명에 대한 비판이 '마르크스의 공산주의 이론'에 대한 비판이 아닌 것과 같은 이치랍니다.

　　루소의 분석에 따르면 그리스인들은 인간조건을 넘어서 날아오르려고 시도하는 '사치스러운 민족'이자 '거짓을 약속하는 민족'이었다. 그는 로마의 문명이 이런 그리스의 문화를 수용하였다고 보았다. 동시에 그는 로마인들의 특징을 "선한 기초를 가지기보다는 선하게 보이는 것이 더 낫다"는 살루스티우스Sallustius*의 말을 인용하여 '단순한 민족', '부지런한 민족'이라고 평하였다.

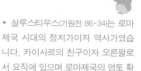

* 살루스티우스(기원전 86-34)는 로마제국 시대의 정치가이자 역사가였습니다. 카이사르의 친구이자 오른팔로서 요직에 있으며 로마제국의 영토 확장에 지대한 영향을 미쳤고, "평화란 두 전쟁 사이의 휴식기에 불과하다"라는 유명한 말을 남겼답니다.

「과학과 예술에 대한 논고」에서 루소가 과거의 문명에 대해 비판할 때는 '미천한 인간', '경박한 웅변술', '유해한 번영', '유해한 예술', '파괴', '불사름', '사냥' 그리고 '노예들'이라는 매우 과격한 용어를 사용하고 있다. 게다가 당시의 유럽문화에 대해서도 '과장된 얼굴', '불길한 광채', '만들어 낸 우아함' 등의 용어를 사용하며 매우 비판적으로 평가하고 있다.

이 논문에서 루소가 결론적으로 말하고자 하는 것은 "인간의 영혼은 과학과 예술이 보다 완벽해질수록 부패해 갔으며, … 인간의 지평이 빛으로 올라감에 따라 오히려 인간의 덕성은 달아나는 것처럼 보였고, 이 같은 현상이 모든 시대

끊임없이 새로 생겨난 수많은 대의와 지식과 오류의 획득,
신체의 구성에 따르는 변화 등에 의해서, 그리고 지속적인
정념의 충격에 의해서 사회 속에서 타락한 영혼은 거의 알아
볼 수 없을 정도로 그 모습이 변했다.

— 『인간 불평등 기원론』, 서문

와 장소에서 관찰되었다"는 것이었다. 그리고 이러한 결론은
『인간 불평등 기원론』에서 그 전제처럼 주어져 있다.

인간의 불행은 문명화와 함께 시작되고 학문과 예술이 발
전할수록 오히려 커져만 간다는 루소의 결론에 대해서 사람
들은 "하나의 역설적인 논문"이라고 평했다. 왜냐하면 이는
'문명의 진보'라는 전통적인 사유와는 정반대되는 생각이었
기 때문이었다.

○ 무리와 떨어진 고독한 삶의 예술가

그런데, 문명과 사회에 대한 루소의 진단과 평가는 지나치게 부정적인 듯 보이기도 합니다. 이러한 평가를 '부정적인 면만을 부각시키는 지극히 주관적인 평가'라고 볼 수는 없을까요?

　과거 및 당대의 문화와 사회에 대한 루소의 진단과 평가는 사실상 '정당성'의 문제라기보다는 '예언자적 메시지'라고 보아야 한다. 오늘날 사람들은 한국 사회를 "헬조선"이라는 부정적인 말로 부르기도 한다. 이는 한국 사회가 객관적으로 볼 때 '지옥처럼 비참하다'는 의미는 아닐 것이다. 다만 그만큼 현 사회가 문제투성이이고 사회적 변화가 절실히 요구되는 절박한 상황에 직면해 있다는 일종의 경고성 메시지라고 볼 수 있다.

　이상사회가 아닌 한 모든 사회는 '밝음과 어둠'이라는 일종의 양면성을 지니고 있다. 사회가 잘 발전하기 위해서는 밝음만을 보거나 어둠만을 보아서는 안 될 것이며, 이 양자를 모두 볼 수 있어야 하고, 이를 냉정하게 인정할 필요가 있다. 하지만 이기주의가 팽배하고, 지배 권력이 강해질수록 사람들은 어둠에 대해 말하기를 꺼려 하기 때문에 어둠은 더욱 짙어지는 것이다. 사실 '촛불혁명'이라는 유래 없는 한국 사회의 '고요한 혁명'은 이러한 어둠에 대해서 침묵하지 않았음을 의미한다.

루소의 모습은 당시 그 누구도 입에 올리기를 꺼려 한 '역사와 시대의 어두운 얼굴'을 학문의 힘을 빌려 용감하게 그리고 만인에게 공개적으로 '선언한' 예언자의 모습이었다. 혹은 자기 사회의 치부를 폭로한 '내부 고발자'의 모습이었다고 표현함이 적절할 것이다. 그로 인해 그 이후의 인생을 '지명 수배'와 '강제추방'이라는 고난 속에 살아야 했지만 그는 이것을 마치 자신에게 주어진 신성한 과업처럼 받아들였던 것이다. 그는 『고백록』의 마지막 부분에서 다음과 같이 고백하고 있다.

참을성 없는 독자들이 지루해할 수는 있겠지만, 나는 나의 일에 대해서 불만이 없다. 나는 나의 과업에서 오직 하나만을 두려워한다. 그것은 내가 너무 많은 것을 말하거나 거짓을 말할까 하는 것이 아니다. 다만 모든 것을 다 말하지 못할까 하는 것이며, 진리에 대해서 침묵할까 하는 것일 뿐이다.

— 『고백록』, 4권

아마도 루소의 위대함은 세상을 변화시킨 그의 저작들에서 가장 잘 드러나겠지만, 그러나 인간적인 관점에서 보자면 근본적으로 시대에 맞서 진리를 외칠 수 있었던 '홀로서기' 그 자체에 있었다고 할 수 있다. 이는 마치 고흐가 "위대한 예술가들의 대작들에서 결코 양보할 수 없었던 그것을 통해서 신이 말씀하신다"라고 말했던 것과 같은 태도로 보인다. 이유인즉 루소는 그 어떤 세상의 위협에도, 자신의 나머지 인생 전체가 불행의 도가니 속으로 들어갈 수밖에 없는 상황에서도 불의에 굴하지 않고 자신이 진리라고 생각한 것을 주장할 수 있었던 그 '절대적인 확신'으로 인해 위대한 사람이

• 루소는 자신을 낳고 어머니가 돌아가시자 "이것은 많은 불행 가운데 최초의 것이었다"라고 고백한 적이 있습니다. 사람들은 가끔 그의 평생을 불행한 것으로 평가하지만, 루소의 말에 따르면 그의 소년기는 아버지로 인해 매우 행복했다고 합니다. 어머니의 사망이 불행의 하나이기는 하였지만 이것이 곧바로 그의 소년 시절이 불행했음을 의미하지는 않는다는 것이죠.

었기 때문이다.

16년 동안의 행복한 소년기를 보낸 이후,• 사실상의 고아로 파란만장한 일생을 보낸 루소는 사회의 주류가 되지 못하고 항상 주변인으로서의 고독한 삶을 살았다. 하지만 당시 사회에 완전하게 동화되지 못하였기 때문에, 즉 소위 말하는 '인사이더'가 아니라 '아웃사이더'였기 때문에 오히려 당시 사회의 문제를 더 리얼하게, 그리고 더 분명하게 인지할 수 있었고 이를 소리 높여 외칠 수 있었을 것이다.

미학자 곰브리치E. H. Gombrich는 "진정한 예술가란 무리에서 떨어진 한 마리 양과 같다"라고 말한 적이 있다. 이런 의미에서 보면 아마도 루소에 대해 당대의 진정한 '삶의 예술가'였다고 말할 수 있을 것이다. 왜냐하면 그는 무리와 떨어져 홀로 세상의 어둠에 대항해 싸웠고, 그 이전에는 누구도 꿈꾸지 못했던 진정한 의미의 '민주주의'라는 구체적인 '공화국의 비전'을 인류 역사에 제시할 수 있었기 때문이었다.

철학자 헤겔은 "신이 인간이 된 절대적인 사건을 제외하면, 프랑스 혁명은 인간성을 한 단계 상승시킨 가장 중요한 역사적 사건"이라고 말한 바 있다. 사실이 이러하다면 '프랑스 혁명'의 직접적인 정신적 지주가 되었던 루소는 최소한 인류의 정치사에 있어서만은 가장 중요한 인물이라고 할 수 있을 것이다.

2장

진정한 '인간학'에
대 한   열 망

영화 〈엑스페리먼트〉는 '인간 성에 대한 진실'을 이야기하는 영화이다. 인간의 본성이 선한가 악한가 하는 문제는 오래된 철학적 질문이다. 그런데 일반적으로 행동주의심리학자들은 인간의 본성이나 정체성은 사회적 환경의 산물이라고 생각하고 있다. 1971년 이에 대한 실험이 미국 스탠퍼드 대학에서 실시되었는데, 이를 영화화한 것이 〈엑스페리먼트〉이다.

실험에 참가한 20여 명의 사람들은 단순히 괜찮은 보수를 바라며 각각 죄수와 간수로 역할을 나누고 실험에 임한다. 처음에는 빨리 실험을 마치고 집으로 돌아가기만을 기대하던 사람들에게 시간이 갈수록 새로운 자의식이 생기기 시작한다. 간수를 맡은 사람이 진짜 간수의 의식을, 그리고 죄수를 맡은 사람은 진짜 죄수의 의식을 가지게 되면서 이 두 집단 사이에는 갈등과 긴장이 생기고 집단 폭력이 발생하며, 급기야 살인사건이 발생하게 된다. 실험은 중단되고 비극적 결말만을 남긴 채 영화는 끝이 난다. 이 영화의 메시지는 비교적 간단하다. 인간의 본성이란 선한 것도 악한 것도 아니며, 각자가 처해 있는 사회적 상황 혹은 환경이 만들어 낸다는 사실을 말하고자 하는 것이다.

각 개인의 정체성이 환경에 의해서 형성된다는 사실은 부정할 수가 없다. 하지만 루소는 최초의 인간을 선한 인간도 악한 인간도 아닌 '자연인'으로 가정하고 있다. 그리고 이 자연인이 마치 '이기적인 존재'처럼 된 것은 인간이 만든 사회와 문명 때문이라고 말하고 있다. 다만 자연인이 문명에 의해 타락한 것이 결코 문명 때문만은 아니며, 인간을 이기적인 존재로 규정하는 정치인과 철학자들에 의해서 문명이 그렇게 변하고 사람들도 그렇게 변하게 되었다고 말하고 있다.

즉 루소는 사람들이 그렇게 믿고 있지만 않는다면, 결코 자연인은 타락하거나 악한 인간으로 변할 수가 없다고 말한다. 그렇다면 루소가 말하는 '자연인'이란 무엇이며, 문명에 의해서도 타락할 수 없는 자연인의 특성과 힘이란 무엇일까?

인간이란 도대체 무엇인가?

> 결국 루소의 문제는 두 가지였답니다.
> 하나는 사회가 타락시키기 이전의 '인간의 본성'이 무엇인지를 밝히는 것이며, 다른 하나는 강자의 폭력성과 약자에 대한 압박만을 보여 주는 '왜곡된 사회성의 근원'을 밝히는 것이었지요.

　루소가 『인간 불평등 기원론』을 기획한 데는 단순히 불평등이 어디서 유래하는지를 밝힐 목적만 있었던 것은 아니다. 그는 이 주제를 통해서 "인간이란 무엇인가?"라는 오랜 질문에 보다 진지하게 접근하고자 했던 것이다.

　루소가 말하는 '델포이 신전의 신탁'이란 흔히 소크라테스의 말이라고 알고 있는 "너 자신을 알라!"는 금언이다. 그런데 왜 이 간단한 경구가 도덕주의자들의 모든 교훈들보다도 더 중요한 것일까? 여기서 '―보다도 더'라는 표현은 질적으로 더 가치 있거나 더 소중하다는 의미가 아니라 논리적으로 혹

인간의 모든 지식 가운데서 가장 유용하지만 가장 덜 발전된 것이 인간에 관한 지식인 것 같다. 그리고 델포이 신전의 신탁 하나가 도덕주의자들의 모든 두꺼운 책들보다 더 중요하고, 그들의 어려운 교훈을 능가한다고 감히 말할 수 있다.

— 『인간 불평등 기원론』, 서문

은 시간적으로 앞선다는 말이다. 옷을 입을 때 첫 단추가 잘 못 끼워지면 나머지 단추들이 모두 잘못 끼워지듯, 인간의 행위와 행동에 대해 연구하는 수많은 도덕적인 교훈들도 만일 애초에 연구의 대상이 되는 '인간' 그 자체에 대해서 잘못 이해하고 있다면, 이후의 모든 교훈도 사실은 잘못된 것일 수 있기 때문이다.

마르크스의 공산주의 이론이나 마키아벨리의 군주론 그리고 니체의 초인사상이나 다윈의 진화론 나아가 프로이트의 오이디푸스 콤플렉스 등은 모두 인간의 본성에 대한 특정한 관점을 그 지반처럼 가지고 있다. 하지만 아마도 루소는 이러한 이론들이 인간의 본성에 관련된 한 "인간이란 무엇인가?"라는 근본적인 물음에 대한 진지한 고민과 성찰을 결여하는 '공통된 오류'를 범하고 있다고 생각할 것이다. 그래서 그는 "인간 자체를 아는 것으로 시작하지 않는다면 어떻게 인간 사이의 불평등의 기원을 알 수 있겠는가?"(『인간 불평등 기원론』, 서문)라고 스스로 묻고 있는 것이다. 그리고 그는 인간 그 자체에 관한 한 수많은 사상가들과 저술가들이 서로 다른 견해를 말하고 있다는 사실에서 일종의 분노를 느끼고 있다.

우리는 여기서 데카르트가 철학함을 자신의 '삶의 소명'으

이 중요한 주제를 논한 많은 작가들 사이에 거의 의견 일치를 볼 수 없다는 것을 알았을 때, 우리는 놀라움과 분노를 느끼지 않을 수가 없다.

— 『인간 불평등 기원론』, 서문

로 선택하였을 때의 그 동기와 동일한 면을 발견할 수 있다. 데카르트 역시 기존의 수많은 사상가들이 '서로 다른 다양한 생각들'을 제시하고 있다는 것에 대해서 불만족 혹은 일종의 분노를 표출하고, 자신은 '누구도 의심할 수 없는 명석 판명한 진리들'을 탐구하고자 하였기 때문이다.

그런데 루소나 데카르트의 이러한 생각에 의문을 가져 볼 수 있지 않을까요? "'철학을 시작한다는 것'이 어떤 의미에서 '관점'을 가진다는 것이며, 세계나 인간을 보는 관점이 유일한 하나일 수가 없기 때문에 오히려 '다양한 의견'이 있다는 것은 자연스러운 것이 아닐까?"

물론 우리는 세계를 이해하는 다양한 '관점'이 있을 수 있으며, 그러기에 철학자의 수만큼 서로 다른 '세계관'이 있을 수 있다고 말할 수 있다. 하지만 루소와 데카르트가 불만을 가지고 있었던 '서로 다른 생각들'은 '관점의 다름'이나 '세계관의 다름'이 아니라, '근본적인 것', '근원적인 것' 혹은 '최초의 것' 등에 대한 이견들이다. 이는 말하자면 '절대적 상대주의'를 용납할 수 없다는 정신적인 자세이다.

가령 한 국가가 다른 국가를 침범하는 전쟁 등에는 국가에 따라 나름의 이유와 변명이 있을 수 있고, 이는 '진실'이라는 말로 정당화할 수 있을 것이다. 하지만 분명한 한 가지 사실은 모든 윤리·도덕적인 가치질서가 파괴되는 '전쟁 그 자체'는 '악'이며, '나쁜 것'이라는 사실은 누구에게나 동일해야 한다는 점이다.

이와 마찬가지로 모든 학문의 영역에도 그 학문을 성립시키는 최초의 몇 가지 원리들이나 근본적인 법칙들 등은 누구나 동의할 수 있는 보편적인 것이어야 한다. 만일 이러한 보편적인 최초의 원리들이나 근본적인 법칙들이 존재하지 않는다면, 엄밀한 의미에서 학문이라는 것은 불가능할 것이다.

'정의는 존재하며, 정의로운 것은 좋은 것이다'라는 근본적인 원칙을 부정하게 된다면 '법학'이라는 것은 의미를 잃을 것이며, '논리적으로 모순이 없는 것이 참된 것이다'라는 전제가 성립할 수 없다면 '논리학'은 존재할 수가 없을 것이다. 마찬가지로 '선과 행복을 추구하는 것이 인간다운 것이며 좋

잠깐!!!

학문의 형이상학적 근거란?

일반적으로 전통적인 사유를 존중하는 학자들은 하나의 학문이 성립하기 위해서는 그 기초가 되는 기본적인 몇 가지 법칙이나 전제는 절대적인 것이어야 한다고 주장합니다. 이러한 최초의 기본적·절대적인 앎들은 이후 다른 모든 앎의 척도가 되기 때문에, 이를 전제하지 않는다면 학문이 제시하는 앎이나 이론은 진리나 참이라고 할 수 없고, 다만 가설이거나 상대적인 앎에 불과하게 되지요. 아리스토텔레스는 이러한 기본적인 앎을 '으뜸원리'라고 불렀고, 토마스 아퀴나스는 '학문의 제일원리들'이라고 불렀습니다. 근대에는 데카르트와 같은 합리주의자들이 이러한 사유를 견지하고 있고요.

반면 포스트모더니즘 이후 세계 자체는 일종의 '혼돈'으로 간주되고 세계관이라는 것은 이성이 자신에게 적합하게 구성한 일종의 '구조' 혹은 '패러다임'으로 여겨지기 시작하였습니다. 가령 푸코는 모든 진리는 일종의 '이성이 구성한 구조'라고 보았죠. 따라서 포스트모더니즘은 학문의 형이상학적 근거를 긍정하지 않습니다.

은 것'이라는 기본 전제를 긍정할 수 없다면 '윤리학'이라는 것은 형성되지 않을 것이다. 우리는 이러한 기본 전제들 혹은 보편적인 지반들을 학문의 형이상학적 근거들이라고 부를 수 있다.

이처럼 세상에는 '다양한 관점'에서 고찰할 수 있는 것이 있고, 따라서 사람에 따라서 서로 다르게 판단하고 평가할 수 있는 것이 있을 수 있지만, 또한 모두가 동일한 관점에서 바라볼 수밖에 없으며 따라서 동일하게 판단할 수밖에 없는 '보편적인 진리'도 있는 것이다. 우리는 이를 "진실은 다양하나, 진리는 하나일 수밖에 없다"는 말로 표현할 수 있다.

사실 소크라테스가 소피스트들에 맞서 절대로 양보할 수 없었던 한 가지 사실이 바로 이러한 모든 인간에게 긍정될 수 있는 '보편적인 진리'의 존재였다. 소피스트들은 그 출발점에 있어서 '절대적인 상대주의'를 취하고 있었기 때문에 무엇이든지 유창한 언변을 통해서 그 가치나 진실을 변화시킬 수 있다고 생각하였다. 이는 모든 것의 척도가 될 보편적인 진리에 대한 부정을 의미하였으며, 이러한 진리를 부정하게 되면 결국 '논쟁에서 이기는 것(변론을 잘하는 것)이 곧 진리'라는 생각을 가지게 되는 것이다.

　이런 생각의 이면에는 윤리적 혹은 정치적 이기주의가 도사리고 있다. 왜냐하면 누구나 존중하여야 할 보편적인 진리 혹은 절대적인 진리를 부정하게 되면, 이후 모든 것이 힘의 원리에 의해 지배당하게 되기 때문이다. 즉 진리란 권력(힘)을 가진 자가 만들어 내는 것이 되기 때문이다. 소크라테스가 당시의 소피스트들과 권력자들을 비판한 것은 바로 이러한 '절대적 상대주의'에 숨어 있는 '윤리적 이기주의' 그 자체였다.

　루소가 동일한 사실에 대한 '다양한 견해'가 공존하고 있었던 것에 분노를 느낀 것은 바로 '절대적 상대주의' 아래 그 근거가 되고 있는 '윤리적 이기주의' 때문이었다. 그중에서도 가장 심각한 것은 "인간이란 무엇인가?"에 대한 충분한 논의와 성찰이 없이 교육에 대해서, 도덕에 대해서 그리고 정치에 대해서 다양한 이론들이 난립하고 있었다는 점이다. 이러한 주제들에 대한 이론이 아무리 탁월하다고 해도 그 밑바탕이 되는 '인간이 무엇인가'에 대해 무지하다면, 이 이론들은 한갓 사상누각과 같은 것이기 때문이다.

약함이나 강함, 부나 빈곤으로 불리는 이 외적 관계보다 불완전한 것은 없으므로, 인간이 형성한 제도는 한눈에 보아도 허물어지기 쉬운 모래 더미 위에 근거한 듯 보인다. 그것을 가까이서 살펴보고 건물을 둘러싼 모래와 먼지를 걷어 내고 서야 비로소 건물이 세워진 군건한 기초를 발견하게 되어 그 토대를 존중하는 법을 배우게 된다.

— 『인간 불평등 기원론』, 서문

인간이 만든 모든 제도의 기초가 되는 것이 곧 '인간의 본성'이다. 왜냐하면 모든 제도란 곧 인간이 인간답고 행복하게 살기 위한 일종의 도구들이기 때문이다. 그런데 루소의 눈에는 이러한 제도들이 전혀 '인간의 본래 성질'과 무관하게 만들어진 것 같고, 그럼에도 사람들은 이러한 모래 더미 같은 제도를 걷어 내고 그 토대가 되는 기초를 발견하려는 노력은 하지 않고 있는 듯 보였다. 그렇기 때문에 루소의 시선에서는 "너 자신을 알라!"라는 소크라테스의 엄명이 여전히 가장 소중한 철학적 지혜로 보이는 것이다.

O 자연인의 순수성에 대한 향수

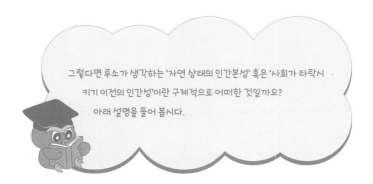

그렇다면 루소가 생각하는 '자연 상태의 인간본성' 혹은 '사회가 타락시키기 이전의 인간성'이란 구체적으로 어떠한 것일까요?
아래 설명을 들어 봅시다.

    『인간 불평등 기원론』 제1장에서 루소는 '자연인'이 어떠한 존재였는지를 논하고 있다. 여기서 그가 '인간의 삶에 대한 비관적인 평'을 하고 있는 어떤 작가의 관점을 비판하는 대목을 발견할 수 있다.
    루소는 인생에서 선과 악을 양적으로 비교하여 인생은 살만한 것이 아님을 주장한 유명한 작가가 누구인지는 밝히고 어떤 유명한 작가는 인간의 삶 중에서 선과 악을 계산하여 두 총합을 계산해 보니 악이 선을 넘어서며, 전체를 놓고 본다면 삶이 인간에게는 꽤 나쁜 선물이었음을 발견했다. 나는 그의 결론에 대해 전혀 놀라지 않는다. 그는 모든 추론을 사회인의 성립에서 끌어내고 있다. 그가 만일 자연인에까지 거슬러 올라갔다면 아주 다른 결과들을 발견했을 것이고, 인간 스스로 자초한 악 이외에는 거의 악을 가지지 않는다는 사실을 인정했을 것이며 ….

— 『인간 불평등 기원론』, 제1부

있지 않다. 하지만 우리는 일반적으로 이러한 주장을 염세주의자들의 사유에서 발견할 수 있다. 쇼펜하우어는 "인생에서 행복과 불행을 양적으로 비교하면 불행이 훨씬 더 많으므로, 이러한 사실을 깨달은 사람은 삶에 집착할 필요가 없다"라고 충고하기도 하였다. 왜냐하면 하루 더 산다는 것은 더 많은 불행을 경험하는 것을 의미하기 때문이다. 그런데 **루소는**

이러한 평가가 아주 잘못되었다고 비판한다. 즉 이러한 삶에 대한 평가는 편협하고 일방적인 평가에 지나지 않는다는 것

 잠깐!!!

염세주의 인생관에 대한 실존주의적 비판

염세주의적 인생관에 대한 루소의 비판 외에 다른 관점에서 염세주의를 비판해 볼 수 있을까요? 실존주의적 관점에서도 비판이 가능합니다. 실존주의란 선과 악, 기쁨과 슬픔, 행복과 고뇌의 이분법적 비교에 있어서는 양적인 비교보다는 질적인 비교가 요청된다는 관점입니다. 실존주의자들은 인생에서 나에게 의미 있는 아무리 작은 것이라도 나의 삶의 기쁨과 행복의 원천이 될 수 있으며, 그렇지 않은 것은 아무리 많아도 나의 행불행과 무관할 수 있다고 생각합니다. 오랫동안의 준비를 필요로 하는 일일수록 그 결과가 주는 행복감은 과정에서 감수해야 할 수고보다 질적으로나 양적으로 그 크기가 크기 마련이죠. 그렇기 때문에 인생의 의미나 가치를 단순하게 행복과 불행의 양적인 비교로 판단한다는 것은 일종의 오류인 것입니다.

이다. 만일 이러한 비관적인 평가가 충분히 가능하다고 해도 이는 원래 인간의 삶이 아닌 사회화된 인간의 삶, 혹은 원래의 모습을 상실한 인간의 삶에 대한 평가일 뿐인 것이다. 결국 이러한 비관적인 평가는 "인간이란 무엇인가?"에 대한 보다 진지한 반성이 결여된 것, 보다 구체적으로는 '자연인'에 대한 고려가 생략된 결과이다.

그렇다면 루소가 말하고 있는 '자연인'이란 구체적으로 어떤 인간이며, 이들이 가진 인간성이나 삶의 모습은 어떤 것일까요?

루소가 말하는 '자연인' 개념은 어디에서 출발했을까? 이런 질문에 대해서도 루소는 매우 분명한 관점을 견지하고 있다. '자연인'에 대한 루소의 출발점은 형이상학적인 것도 과학적인 것도 아닌, '현상학적 관점'이며, 여기에 상식적인 이성의 사유를 통한 추론이 동반된다.

우선 루소는 "인간이란 무엇인가?"라는 고찰에 있어서 지금 현재 인간이 보여 주는 있는 그대로의 모습을 고찰하면서, 이러한 모습에서 인위적으로 형성된 능력을 제거한 '자연의 품에서 나온 상태'를 추론하고 있다.

나는 인간의 형태가 지금의 모습대로 모든 시대에도 그러했을 거라고 전제할 것이다. 두 발로 걷고 지금처럼 손을 쓰고 시야를 넓게 가지며 눈으로 넓은 하늘을 가늠하는 것처럼.

— 『인간 불평등 기원론』, 제1부

두 발로 걷고, 손을 사용한다는 표현은 '직립보행'과 '도구의 사용'을 의미한다. 또한 시야를 넓게 가지고 하늘을 가늠한다는 것은 세계를 이해하고 학문적인 활동을 하는 것에 대한 상징적인 표현이다. 즉 이는 '호모 사피엔스Homo sapiens'에 적합한 인간을 말하는 것이다.

　물론 루소의 이러한 출발점은 어떤 이들에게 있어서는 불만일 수 있을 것이다. 왜냐하면 진화론자는 이런 호모사피엔스가 진화의 마지막 단계에서나 등장하는 인간이지 최초의 인류는 아닐 것이라고 할 것이기 때문이다. 하지만 루소의 이와 같은 전제는 어떤 관점에서 보면 지극히 자연스러운 것일 수도 있다.

　가령 아리스토텔레스와 같은 형이상학자들은 모든 유적類的인 생명체는 다른 유類에서 진화되어 나온 것이 아니라, 애초에 자신의 형상形像을 가지고 있으며, 진화란 단지 가능성으로서의 유적 존재가 현실성으로 이행하는 과정에 불과하다고 보았다. 즉 원숭이는 애초에 원숭이의 형상을 가지고 있었고, 인간은 애초에 인간의 형상을 가지고 있었으며, 다만 이들이 초기에는 완전하게 현실태로서 존재하지 않았을 뿐인 것이다. 따라서 원숭이와 인간이 역사의 초기에 비슷한 모습으로 존재한 것은 아직 자신들의 유적인 존재가 완전하게 형성되지 못하였기 때문이지 동일한 유가 아니라는 것이다.

따라서 '호모 하빌리스'나 '호모 에렉투스' 등이 실제로 호모 사피엔스의 조상이라고 한다면, 아리스토텔레스나 루소는 이들의 모습은 다만 성장기 중의 '호모 사피엔스'일 뿐 호모 사피엔스와 다른 종류의 사람들이 아니라고 할 것이다.

이는 마치 아직 걷지도 못하고 말도 잘하지 못하는 세 살먹은 아기도 여전히 어른들과 동일한 사람이라고 하는 것과 같다. 따라서 "인간이 무엇인가?"라는 질문에 답하기 위해서 '갓난아기'나 '청소년' 혹은 '성인'이나 '노인' 중 어떤 인간을 보아야 할까 고민할 필요는 없을 것이다. 마찬가지로 루소에게 있어서 최초의 인간이라고 할 때, 우리가 '현생인류'라고 부르는 인간을 보면 되는 것이다.

'인류의 기원'에 대한 진화냐 창조냐의 질문

인류의 기원에 관한 '진화론적 해명'은 현대인에겐 이미 정설처럼 굳어져 있지만, 오늘날 '창조의 지속', '지적 설계론', '우주적 진화' 등의 개념은 진화와 창조를 동시에 긍정하고 있기도 합니다. 루소는 어떻게 생각했을까요? 그는 자연인에게는 다른 동물들에게서는 결코 볼 수 없는 몇 가지 특질, 즉 자유 선택, 자기완성 그리고 연민이 있다고 보았습니다. "인간은 동물적 조건에서 멀어지면서 만들어졌다"라고 말한 루소는 최소한 일반적 의미의 진화론자는 아니었다고 할 수 있죠.

루소의 입장은 '현재 우리가 보는 인간의 모습'이 '자연 상태'의 인간의 모습과 거의 유사하거나 최소한 가장 본질적인 부분들은 자연인의 모습과 동일하다는 것이다. 이는 어느 정도 아리스토텔레스의 관점을 뒤따르는 것이다. 하지만 그렇다고 아리스토텔레스처럼 인간의 본질을 의미하는 '인간의 형상'을 전제하는 것은 아니다.

다만 루소는 현재 인간이 보여 주고 있는 어떤 본질적이고 핵심적인 모습들이 진화라는 과정을 통해서 인위적으로 형성된 것이 아니라, 이미 태초에 (가능성으로서) 모두 주어진 것들이라고 본다. 그리고 그는 현재의 인간의 모습들을 근거로 하여 문명이 주어지기 이전의 인간의 모습을 역추적하는 방식을 취하고 있다.

『인간 불평등 기원론』의 제1부 전반부에서 루소는 자연인의 모습이 어떠하였는가를 다른 동물들과 비교하여 세심하게 고찰하고 있다. 그중 흥미로운 몇 가지를 소개하면 다음과 같다.

• 여기서 '원시인'이라고 번역한 원문의 용어는 "롬므 소바주(l'homme sauvage)"입니다. 불어의 '소바주'는 '야생의, 원시의, 미개의, 자연 그대로의' 등의 뜻을 가지고 있기에 '롬므 소바주'는 '야생인, 원시인, 미개인, 자연인' 등으로 번역될 수 있습니다. 한국어 번역본 중에는 '미개인'으로 번역된 책이 있지만, 여기에서는 '자연인'이란 용어를 사용하고 문맥에 따라서 '원시인'이라는 용어를 사용하고자 합니다. 왜냐하면 루소는 이 용어를 부정적인 의미가 아니라, 긍정적인 의미로 사용하고 있기 때문이지요!

원시인•이 필요에 의해 획득하는 힘과 민첩함을 우리에게서 빼앗는 것은 사실 우리의 산업이다.

실제로 인간의 재치를 힘으로 압도한 동물에 대해서 인간은 보다 약한 다른 동물과 같은 처지에 처한다. 그래도 그들은 살아가고 있다.

인간이 막을 수 없는 더 두려운 다른 적은 태생적 나약함, 유년기, 노년기와 온갖 종류의 질병들이다. … 그 가운데 처음 두 가지는 모든 동물에게 공통된 것이고 마지막 것은 주로 사회 안에 생활하는 인간에게 해당된다.

인간의 유년기가 동물보다 길더라도, 수명 역시 그만큼 길기 때문에 그 점에 있어서는 모든 것이 거의 평등하다.

'자연인'과 '다른 동물들'과의 비교에서 루소가 내린 결론은 "자연인은 다른 동물과 평등하다"는 것이다. 인간이 동물에 비해 나약하다고 하는 것도, 반대로 인간이 다른 동물에 비해 우월하다고 하는 것도 사실상 이 둘 모두를 동시에 고려해 보면 좋을 것도 나쁠 것도 없으며, 모두가 공평하다는 것이다. 자연 안에 살고 있는 모든 생명체가 사실은 공평한 것처럼 ─사자가 사슴보다 더 나은 조건을 가지고 있다거나,

참새가 올빼미보다 더 나쁜 조건을 지니고 있다는 것은 모두 인간의 주관적인 편견에 불과하다― 자연인으로서의 인간은 자연 안에서 다른 모든 생명체와 평등한 것이다. 이는 인간이 문명을 건설하기 이전의 원시 상태에서의 일종의 '이상적인 생태공동체'를 가정하게 한다.

루소는 일차적으로 '자연인'에 대해 매우 긍정적인 관점을 가지고 있다. 비록 자연 상태에서의 인간이 가장 이상적인 인간이라거나 자연인의 삶을 최상의 삶이라고 찬미하지는

그런데 마음이 평화롭고 육체가 건강한 자유로운 존재의 불행은 어떤 것인지 누가 설명 좀 해 주면 좋겠다. 나는 사회생활과 자연생활 중 어느 쪽이 그것을 누리는 이들에게 보다 견디기 힘든 것인지 물어본다. … 자유로운 원시인이 삶에 대해 불평하고 자살할 생각을 했다는 이야기를 들어 본 적이 있는지 묻고 싶다.

― 『인간 불평등 기원론』, 제1부

잠깐!!!

'사회악이 없는 이상적인 사회'는 가능한가?

루소는 문명을 가지기 이전의 자연인이 가진 사회를 가장 이상적이고 행복한 사회라고 생각하고 있으며, 우리는 이를 '이상적인 생태공동체'라고 부를 수 있습니다. 이러한 사회는 말하자면 '사회악이 전혀 없는 사회' 즉 '이상적인 인간공동체'이지요.

인류학자 레비스트로스는 이러한 '사회악이 전혀 없는 사회'의 모습을 찾기 위해서 아마존강 일대를 직접 탐험하였고, 거기서 '신석기 시대'의 모습을 고스란히 간직한 일군의 원시부족들을 발견하였습니다. 그 부족에는 현재 인류사회가 가지고 있는 대부분의 사회적 제도가 있었지만, 사회악의 상징적인 용어들인 '거짓말, 범죄, 사기, 전쟁, 도둑질, 폭행, 불의, 소유욕, 자살' 등의 용어 자체가 존재하지 않았고 부족의 구성원들은 이러한 개념들을 알지도 못하였다고 합니다. 레비스트로스는 『열대의 눈물』이란 저서에서 자신의 탐구 결과를 제시하면서 루소가 말한 '이상적인 생태공동체'는 바로 신석기 시대의 사회공동체였을 것이라고 주장하기도 했지요.

않지만, 최소한 현재 인류가 체험하고 있는 사회인으로서의 삶보다는 훨씬 행복한 상태라고 생각하고 있다.

사실이 그러하다. 어떻게 보면 자연인은 마치 꿩이나 사슴처럼 자연의 질서에 완벽하게 조화를 이루고 있어서 그들이 생존하고 행복한 삶을 영위하는 데 있어 부족함이 없었다. 자연인, 즉 자연 상태에서의 인간이란 "자연 상태에서 생활하기 위해 필요한 것을 모두 본능 속에 갖추고 있었기 때문에" 생존의 위협이나 삶에 대한 절박한 근심을 가질 이유가 없었다. 그들은 다만 생존하기 위해 최소한의 노력만 기울이면, 자연 속에서 자신들에게 필요한 모든 것을 취할 수 있었고, 하루하루를 만족하며 지낼 수 있었다.

변비나 소화불량을 걱정할 필요도 없고, 부자와 가난한 자 사이의 갈등도 없고, 취업이나 실직의 걱정도 없었고, 밤샘을 하거나 만성피로로 고통받는 일이 없었다. 사기를 당하거나 전쟁을 걱정할 필요도 없었고, 온갖 종류의 스트레스로 고생할 필요도 없었다. 환경의 파괴나 온난화를 걱정할 필요 없이 매일 건강하고 충만한 삶을 영위한 것이다. 그래서 루소는 '자연 상태'의 인간의 삶을 "아주 현명한 신의 섭리"라고 만물을 창조하신 하느님의 손을 떠날 때 모든 것은 선했지만, 사람의 손에 들어오자 타락하고 말았다.

— 『에밀』, 제1권

말하기도 한다.

오늘날 현대인들이 겪는 갖가지 고통과 근심 그리고 불행들은 문명과 사회라는 것이 생긴 이후에 발생한 것들이다. 그래서 루소는 과감하게 "생각하는 인간은 타락한 동물이다"(『인간 불평등 기원론』, 제1부)라고 단정하고 있다. 마찬가지로 그는 『에밀』을 시작하면서 이 점을 특히 강조하고 있다.

물론 루소가 '사유하는 것' 그 자체를 부정적으로 보는 것은 아니다. 왜냐하면 그는 자연인이 가진 특수성을 특히 "인간 영혼의 정신성(영성)을 보여 주는 자유에 대한 의식 안에서"(『인간 불평등 기원론』, 제1부) 보고 있기 때문이다. 이 자유는 자유로운 선택의 행위를 말하며, 자유 선택은 우선 선택의 창조주가 새겨 놓은 신성하고 장엄한 단순함 대신에 합리적이라고 생각하는 정념과 망상에 빠져 있는 지성의 끔찍한 대조밖에는 볼 수가 없다. 그리고 더 잔인한 것은 인류의 모든 진보가 인간을 끊임없이 태초의 상태에서 멀어지게 한 것이다.

— 『인간 불평등 기원론』, 서문

대상에 대한 사유를 전제하지 않으면 불가능하다. 루소는 다만 인간이 '사유하는 능력'을 통해서 문명을 건설하고 사회를 형성하면서 '자연인'이 가졌던 그 순수한 태초의 모습을 상실하기 시작하였다고 본 것이다.

신비주의나 생태철학에 관심이 많은 독자라면 이러한 루소의 생각을 '생태적 영성'이라는 말과 연결시켜 볼 수 있다. 성 프란체스코가 자신의 집과 마을을 떠나 자연 속에서 수도생활을 시작하면서 지은 「태양의 찬가」에는 "하늘의 별과 달과 태양, 공중의 새들과 들판의 꽃들, 땅과 과일들, 바람과 물 그리고 갖가지 생명체들"을 마치 자신의 형제와 자매처럼 생각하고 있다. 그는 자연 속에 존재하는 사물들 그리고 모든 생명체와 긴밀한 관계성을 가지면서 인간 및 자연생태계 전체와 완벽한 조화를 이루었으며, 이를 통해 우주에 현존하는 신을 맞이하였다. 다시 말해 생태계의 조화로운 하모니를 통해서 이를 가능하게 하고 보존하는 자연과 세계 속의 신성한 현존을 맞이하였던 것이다.

이러한 '생태적 영성'과 유사한 정신은 아메리칸 인디언의 삶에서나 도가道家나 원시불교에서도 볼 수 있다. 아마도 루소의 '자연인'에 대한 가장 이상적인 이미지는 이러한 '생태적 영성'을 살아가는 사람들이라고 할 수 있으며, 우리는 이를 '자연인의 순수성'이라고 부를 수 있을 것이다.

○ 자연인의 숭고한 미덕, '연민'

> 만일 자연인이 모든 다른 생명체와 평등하고 자연과 완전한 조화를 이루고 있다면, 자연인은 동물과 어떤 차이가 있는 것일까요? 루소는 어떻게 생각했을까요?

• 물론 루소에게 있어서 이러한 능력은 '자연인의 능력'이라기보다는 '자연인이 잠재적으로 가지고 있는 능력'이라는 표현이 더 정확할 것 같습니다. 하지만 최소한 '연민'의 능력은 자연인에게도 본성적으로 주어진 것이라고 할 수 있는데요. 왜냐하면 연민은 이성이 없는 동물들에게도 유사하게 나타나고 있는 이성 이전의 능력이기 때문입니다.

자연인이 다른 모든 동물과 평등한 상태에 있다고 해서 '인간'이란 다만 '고등동물'이라거나 인간의 기원이 '동물'에 있다는 것을 의미하는 것은 아니다. 루소는 인간은 자연 상태에서부터 동물들에게서 결코 볼 수 없는 특별한 능력과 덕을 지니고 있는데, 이는 일종의 본성 혹은 본능에 의해서 가지게 된 것으로 '자연의 선물' 혹은 '신의 선물'이라고 할 만한 것이다. 그것은 '자유 선택의 능력', '자기완성' 그리고 '연민'이다.•

자유 선택과 자기완성의 능력은 인간이 문명을 가지게 된 계기가 되며, 연민은 자연적으로 주어진 것으로서 앞의 두 가지가 발달하기 이전에 이미 주어진 능력이다. 이 능력은 문명으로 인한 본성의 타락을 방지해 주는 유일한 '자연적인 연민의 능력' 혹은 동정심이라 불리는 '자연적인 감정'이다.

루소는 『인간 불평등 기원론』과 『에밀』에서 특히 '연민'이라는 자연적인 능력을 강조하고 있다. 루소는 이러한 연민의 능력을 '고통을 겪는 사람들과 동물들에게 도움을 주고자 하는 본능적인 덕'이라고 생각하면서 이 능력은 지나친 자기 사랑을 조절하여 '인류'라는 종과 다른 모든 종을 전체적으로 보호할 수 있는 유일한 덕이라고 보고 있다.

그런데 만약 연민이 자연인이 자연적으로 가지게 된 능력으로서 여타 초월적인 것이나 초자연적인 것은 필요로 하지 않는다면, 루소의 이러한 진술은 마치 종교나 신의 은총을 부정하는 것처럼 보입니다. 정말 루소가 기독교나 여타 서구적 종교를 부정하거나 거부한 것일까요?

'불쌍히 여김'을 의미하는 연민이란 철학적으로 말해 '타자'를 나와 동일시하는 일종의 '공동-정념com-passion'을 전제하는 것이다. 즉 상대방의 아픔을 나의 아픔으로 여기는 '고통'에 대한 주의집중과 감정이입을 전제한다. 그런데 이러한 자연적인 연민이 실제로 삶 안에서 '타자의 고통'을 '나의 것'으로 여기게 되는 그러한 차원으로 나아가게 할 수 있는지는 의문이다.

　프랑스의 철학자 시몬 베유는 "단순한 연민만으로는 지극한 불행을 안고 있는 사람의 고통에 대한 완전한 주의집중

맨더빌은 사람들의 사회적인 모든 미덕이 이 유일한 특질에서 유래했음을 알지 못했다. 사실 관대함, 인자함, 인간애라는 것은 약자, 죄인 또는 인류 전반에게 적용된 연민의 정이 아니고 무엇인가?

— 『인간 불평등 기원론』, 제1부

을 야기할 수 없고, 오직 초자연적인 덕인 사랑만이 이를 가능하게 한다"라고 한 적이 있다. 즉 고통받는 타인에 대한 완전한 연민 혹은 사랑은 순수한 인간적 능력만으로는 불가능하며 여기에는 인간적인 지평을 초월하는 신성한 능력이 요청된다고 보는 것이다. 그리스도교적으로 말하자면 인간은 ─원죄로 말미암아─ 본성 그 자체에 문제를 안고 있어서 타자에 대한 완전한 사랑은 본성의 능력만으로는 불가능하고 신적인 은총에 의해서만 가능한 것이다.

과연 인간이 타인을 마치 나의 형제나 자매 혹은 또 다른 나 자신처럼 사랑할 수 있는지, 만일 가능하다면 어떠한 조건에서 가능한지에 대해서는 사실상 정답이라고 할 만한 것이 있을 수 없다. 이는 각자가 오랫동안의 삶의 체험을 통해 스스로 확신할 수밖에 없는 일종의 신념일 수밖에 없을 것이다.

루소의 경우는 ─비록 그가 한때 기독교 신자였다고 해도─ 분명 이러한 기독교적인 체험을 가진 적은 없었으며, 그의 사상 전반에 걸쳐서 종교적이거나 신비주의적인 것이 토대가 된 부분은 없다고 보아야 한다. 그럼에도 이러한 루소의 입장이 기독교나 여타 서구종교를 부정하거나 거부한 것은 아니다.

오히려 그는 구체적인 종교적 체험을 한 적이 없었고, 어느 특수한 종교에 몰입한 적이 없었기 때문에 일종의 '종교적 다원주의자'였다. 그의 저술에는 종교에 대한 그의 견해도 너무나 분명하게 나타나 있다.

물론 루소가 말하는 '연민'이 기독교적인 의미의 사랑 개념과 유사한 것인지, 나아가 기독교적 사랑의 개념이 가능한 것인지, 그렇다고 한다면 그 조건은 무엇인지에 대해서는 언급하지 않는다. 다만 그는 인간이 연민의 능력을 상실하게 된 것은 사회적인 삶을 통해서이며, 만일 이 능력을 상실하지 않고 성장시킨다면 종교적 차원의 '박애'로 나아갈 수 있을 것이라고 주장한다.

결론적으로 루소에 따르면 자연인에게 있어서 최고의 덕, 인간이 보여 주는 가장 소중한 가치는 타인에 대한 '연민'이다. 이것이 다른 모든 덕의 근원이 된다. 이러한 '연민의 능력'은 도덕의 근원이 되는 것으로서, 인간이 아닌 그 어떤 다른 생명체에게는 볼 수 없는 것이다. 그렇기 때문에 루소는 부정적인 교리로서는 단 하나, 즉 불관용으로 한정시킨다. 불관용은 우리가 배제한 종교에 속한다. … 이제 배타적인 국민 종교가 없고, 있을 수도 없으니, 교리가 시민의 의미와 전혀 어긋나지 않는 한 다른 종교들은 너그럽게 인정하는 모든 종교는 그 인정을 받아야 한다. … "교회 밖에서 구원이 없다"라고 감히 말하는 사람은 누구든 국가에서 추방되어야 한다.

— 『사회계약론』, 제3부, 제18장

결코 진화론자가 될 수 없을 것이며, 인간을 다만 신경다발이 보다 복잡한 '동물'로 보지는 않을 것이다.

종교에 대한 그의 입장을 깊이 알 수는 없으나 루소는 종교가 시민사회에 유용한 것이라고 했으며, 모든 종교는 그것이 시민사회에 해악을 끼치지 않고, 불관용을 배제하는 한 허용되어야 한다는 '종교의 자유'를 긍정하고 있다. 이런 그의 견해는 종교에 대한 겸손하고도 진술한 관점이라고 해야 타고난 연민은 사회에서 사회를 거치며 인간과 인간 사이에서 지녔던 모든 힘을 대부분 잃고서 단지 몇몇 인도주의적인 위대한 영혼들에만 남아 있을 따름이다. 그리고 이 위대한 영혼을 가진 이들은 사람들을 구분하는 상상의 장벽을 뛰어넘고 창조주를 본받아 인류 전체를 박애로 감싸 안는다.

— 『인간 불평등 기원론』, 제2부

할 것이다. 종교나 초월적인 것에 관한 한 루소의 입장은 논증하거나 증명해야 할 문제가 아니라, 삶의 체험을 통해 가지게 되는 일종의 '철학적 신념'이라는 것이다.

3장

성 선 설 과
인 간 불 행 의 기 원

전 세계적으로 큰 인기를 누렸던 영화 〈어벤져스: 인피니티 워〉의 성공 비결은 악당 '타노스' 때문이라는 주장이 있다. 그 이유는 타노스는 기존의 모든 악당들을 능가하는 최고의 악당이지만, 지구와 우주 생명체의 절반을 파멸시키고자 하는 그의 동기가 여느 악당들과는 다르다는 데에 있다.

타노스는 과학이 지나치게 발달하고 인구가 급격하게 늘어난 자신의 행성이 결국 멸망하는 것을 목격하고, 우주가 생존하기 위해서는 모든 행성의 생명체를 반으로 줄이는 것이 유일한 답이라고 생각하였다. 어찌 보면 타노스의 악행은 일종의 철학적 고뇌에서 비롯된 것이라고 할 수 있다.

실제로 생태학자들은 지구가 인류에게 에너지를 제공할 수 있는 한계를 넘어서는 날을 '생태 환경 초과일'로 규정하고, 머

지않은 미래에 이날이 도래할 것이라고 경고하고 있다.

생태학자들이 미래에 인류를 위협할 '생태 환경 초과일'이란 것을 가정하였다면, 루소는 인간의 소유욕을 부추기고 온갖 질병과 부의 극단적인 편중을 가져온 현대의 불행을 야기한 과거의 원인을 가정하고 있다. 그는 모든 사회악의 근원이 되는 '사회와 사적 소유'가 필연적인 것은 아니었으며, 인간의 선택에 연유하였다고 보았다. 따라서 만일 인간의 욕망을 완전히 없앨 수가 없다면, 사회악을 최소한으로 줄일 수 있는 '차선의 사회'를 모색하여야 한다고 주장하였다.

'사유재산제도' 즉 '자본주의제도'는 한국 사회의 특징을 가장 잘 대변해 주는 사회체제이다. 놀라운 경제 발전에도 불구하고 행복 지수가 매우 낮은 한국 사회는 자본주의 체제가 인간 행복을 위해서는 최선책이 아님을 말해 주고 있다. 루소는 왜 '사유재산제도'를 악의 근원처럼 여겼을까? 이러한 근원적인 문제를 안고 있는 제도를 보완하기 위해서는 무엇이 필요한 것일까?

○ 인간 본성이 선하다면, 악은 어디서 오는가?

자연인이 본성적으로 연민의 감정을 가지고 있다는 주장은 '성선설'과 비슷해 보입니다. 그런데 현대사회에 만연한 범죄나 이기주의를 보면 '성선설'을 주장하기에는 인간 사회가 너무 악하게 보이지 않나요?

인간의 본성이 악한 것인가, 선한 것인가? 하는 질문은 가장 오래된 철학적 질문 중 하나이다. 일찍이 동양에서는 성선설을 주장한 맹자와 성악설을 주장한 순자가 있었다. 하지만 맹자도 순자도 이렇게 말하는 근거는 인간이 보여 주는 경험적인 증거들에 있기 때문에 그 어느 것도 진리라고 말하기는 어렵다.

최소한 인류 역사가 보여 주는 혹은 일상의 삶에서 보여 주는 경험적인 증거를 찾고자 한다면, 둘 모두가 가능하기 때문이다. 그래서 파스칼은 "인간에게 있는 천사적인 모습과 악마적인 모습 중 어느 하나만 보고자 한다는 것은 매우 위험한 것이며, 둘 모두를 보아야 한다"라고 한 것이다. 그렇기 때문에 인간 본성의 윤리적인 특성을 말하고자 한다면 이 역시 관점의 문제 혹은 신념의 문제일 수밖에 없을 것이다.

그렇다면 루소는 이에 대해서 어떻게 생각하고 있었을까? 루소의 주 관심사는 '현대사회의 인간의 모습'이 아니라, 그 이전의 '자연인의 모습'이었다. 그리고 현대인들의 불행한 모습이 인간의 참모습은 아니라고 생각하였기 때문에 루소의 인간에 대한 고찰은 근본적으로 성선설의 관점에 더 치우쳐 있다. 그는 '인간의 본성은 선하다'라고 명시적으로 말한 적은 없지만, 성악설에 가까운 홉스의 주장을 반박하면서 자신의 사유를 전개하고 있다. 홉스는 인간이란 본성적으로 이기적인 존재라고 생각하며, "악인이란 건강한 아이다"라고 말한 바 있는데, 이에 대해 루소는 다음과 같이 명쾌하게 반박하고 있다.

고통받은 사람을 보고서 "원한다면 죽어라. 나는 안전하다"라고 은밀히 말하는 것도 철학에 의해서이다. … 그는 단지 손으로 귀를 틀어막고 내면에서 꿈틀대는 본성이 피살자와 자신을 동일시하지 못하게 이치를 따져 보기만 하면 된다. 자연인에게는 이런 놀라운 재주가 없었다.

— 『인간 불평등 기원론』, 제1부

위에서 은밀히 말하고 있는 철학이란 홉스의 사유를 말한다. 사실 경험적인 증거만을 보자면 인간의 삶이란 매우 이기적이고, 선하기보다는 악하다고 하는 것이 진실인 듯 보인다. 하루 동안의 뉴스를 보면 선행보다는 악행이, 의로운 일 보다는 부당한 일이 훨씬 많기 때문이다. 실제로 인류의 역사에도 감동을 주는 의로운 일보다는 환멸을 느끼게 하는 비-정의로운 일들이 훨씬 더 많다. 그러므로 현상학적으로 인간의 삶을 고찰하지면 "인간의 본성은 악하다"고 하는 것이 더 맞는 듯이 보인다.

하지만 인간의 본성을 규명하면서 선행과 악행이라는 외적 행위를 현상학적으로 고찰하는 방법은 결코 적절한 방법이 아니다. 왜냐하면 선한 사람들은 선하다고 하는 그 특성에 의해 자신들의 선행을 숨기고자 하기 때문이다. 요컨대 현실에서 대부분의 작은 선행들은 숨겨져 있는 것이 일반적이다.

그런데 설령 현실의 삶 안에서 선행보다 악행이 훨씬 더 많은 것이 사실이라고 해도 이러한 이유만으로 "인간의 본성이 악하다"는 결론은 도출되지 않는다. 루소가 생각하듯이 만일 우리가 '현실'이라고 하는 사회가 '왜곡되고 타락한 사회'라고 한다면, 이러한 사회 속의 삶의 모습을 그대로 '인간 본성의 결과'라고 할 수는 없다. 악을 행하는 인간의 행위가 그의 본성의 결과가 아니라 사회구조적인 문제에 기인한 것일 수 있기 때문이다. 결국 루소는 현대인이 막연하게 생각하고 있는 '인간에 대한 관점'은 다분히 기존 학자들에 의해서 왜곡되고 조장된 관점임을 강조하고 있다.

물론 일군의 사람들이 "인간의 본성이 악하다"고 선언하였다면, 그 이유는 그렇게 하여야만 자신들의 삶의 형식이나 자신들이 만든 사회구조에 대한 정당성을 확보할 수 있기 때문이다. 역사적으로 통치자의 절대적인 권위가 필요하거나 강력한 법치주의가 필요할 때, 정치인들은 "인간이란 본성적

인간은 원래 잔인하고 그 잔인함을 완화시키기 위해 단속이 필요하다고 서둘러 결론 내린 이들이 여럿 있었다. 그런데 사실 자연 상태의 인간만큼 온순한 존재는 어디에도 없다.

— 『인간 불평등 기원론』, 제2부

으로 악하기 때문에 강력한 통제의 수단이 있어야 한다"고 주장하곤 한다. 이렇게 왜곡되고 조장된 인간 본성에 대한 사유는 정치인으로 하여금 더 이상 자연인이 가졌던 그 본성이 자신들이 만든 사회에는 어울리지 않는다고 생각하게 한다. 따라서 오히려 그 본성을 진실을 가리고 사람들을 기만하는 것으로 보게 되는 것이다.

"순수한 자연 상태에 어울리는 선은 더 이상 신생 사회에는 어울리지 않게 되었다"(『인간 불평등 기원론』, 제2부). 루소에 따르면 바로 여기에서 모든 악의 근원이 되는 '불평등'이 시작된다.

어떤 지역에 울타리를 치고 "이곳이 내 땅이다!"라고 선언하고, 사람들이 그 말을 믿을 만큼 단순하다는 것을 안 최초의 사람이 사회의 진정한 창설자였다. … "저 사기꾼의 말을 듣지 마시오. 열매는 모두의 것이고 땅은 누구의 소유도 아니라는 것을 잊으면 여러분은 파멸합니다"라고 외치는 누군가 있었다면, 그는 얼마나 많은 범죄, 전쟁, 살인, 가난 그리고 공포를 인류에게서 없애 주었을까?

― 『인간 불평등 기원론』, 제2부

사실 자연 상태에서도 전혀 불평등이 없는 것은 아니었다. 개개인이 탄생과 더불어 가지게 되는 육체적인 혹은 지적인 차이점들은 당연히 불평등을 유발할 것이다. 하지만 "자연 상태에서는 불평등이 거의 감지되지 않고 그 영향력도 미미하다"(『인간 불평등 기원론』, 제1부).

그리고 인간의 타고난 '연민의 능력'은 이러한 미미한 불평등을 해소하기에 충분하다. 하지만 나와 다른 모든 타인을 구분하고, 나의 이익을 자유롭게 추구하는 경향성이 인간에게 자리하게 되면 인간은 땅과 자본의 소유를 정당화하게 된다.

루소의 말은 '사유재산'과 '자본주의'의 부당함을 고발하고 있는 것 같다. 그리고 현상적으로만 본다면 이를 부정할 수가 없다. 최소한 원시사회에서는 '사유재산'이란 개념이 없었다. 무인도에 표류한 일군의 사람들이 맛있는 사과나무를 발견하였을 때, 그 사과나무의 주인은 누구일 것인가? 그것은 누구의 것도 아니다. 하지만 힘 있는 자는 "저 사과나무는 나의 것이다. 누구도 나의 허락 없이는 저 사과나무의 열매를

사람이 다른 사람의 도움을 필요로 하고 한 사람이 두 사람 몫의 식량을 가지는 것이 유익하다는 것을 알게 된 순간 평등이 사라지고 사유私有의 개념이 도입되며, 일은 꼭 필요한 것이 되며 더 넓은 숲은 인간의 땀으로 물을 줘야 하는 우스꽝스러운 들판으로 변했다. 그리고 그 들판에서 노예제도와 빈곤이 수확과 더불어 더 커져 갔다.

— 『인간 불평등 기원론』, 제2부

따 먹어서는 안 된다!"라고 선언한다.

이 얼마나 부당하고 불평등하고 비-정의로운 행위인가! 바로 이것이 루소가 본 '사유재산제도'의 부당함이다. 그리고 그는 과감하게 "모든 악이 사유私有의 첫 번째 결과이고 갓 생겨난 불평등과 떼 놓을 수 없는 것"(『인간 불평등 기원론』, 제2부)이라고 말한다. 그리고 이러한 불평등이 그 극치에 이른 것이 곧 '전제군주제도'이다.

 전제군주가 말을 시작하자마자 거기에는 참고해야 할 성실함도 의무도 없고 가장 맹목적인 복종만이 노예에게 유일한 미덕으로 남는다. 바로 여기가 불평등의 마지막 시기이다.

— 『인간 불평등 기원론』, 제2부

○ 자연법사상과 악의 기원으로서의 '사유私有'

모든 생명체가 자기 생존을 추구하듯이 인간이 자기 생존을 추구하는 것은 지극히 자연적입니다. 또한 그런 한에서 자신의 권리를 보호해 줄 사유재산제도를 가진다는 것은 오히려 당연한 귀결이라고 볼 수도 있지요. 하지만 이를 악한 행위라고 할 수 있을까요?

물론 루소도 자기 생존을 추구하는 인간의 행위 그 자체를 악이라고 하지는 않을 것이다. 루소가 악의 기원이 '사유私有'에 있다고 생각한 것은 당시의 군주제도와 근대적 산업자본주의의 결과 때문이다. 일단 자연에 대한 '사적인 소유'를 정당화하게 되면 빈익빈 부익부 현상이 필연적으로 뒤따르게 되고, 모든 사람은 더 많은 부를 소유하기 위해서 자연법을 위반할 수밖에 없을 것이며, 루소는 이를 '악한 행위'로 보고 있는 것이다. 자연적으로 허락된 상태보다 많은 부를 소유하는 것, 즉 '자연법에 대한 위반'이 곧 악한 행위의 근거

자연법을 어떤 식으로 정의한다 하더라도 아이가 노인에게 명령하고 바보가 현자를 인도하며 수많은 사람들이 굶주리고 생필품이 없는 반면에 소수의 사람들에게는 모든 것이 남아도는 것 등은 명백히 자연법에 위배된다.

— 『인간 불평등 기원론』, 제2부

가 되는 것이다.

루소가 선악에 대해 분명한 규정을 내리고 있는 것은 아니다. 하지만 일반적으로 사회의 법을 어기는 범법 행위를 악한 행위라고 하듯이 자연법을 어기는 것을 악이라고 규정하고 있다. 물론 여기서 '자연법'이란 '자연의 원초적인 법칙들'과 '자연 상태의 인간'이 보여 주는 본성적인 법칙들을 말한다.

루소에게 있어서 '불평등'이 곧 사회로부터 기인한 것은 아니지만, 사회의 발생은 분명 인간 불평등을 가중하는 것이다. 그리고 이러한 사태를 인간의 '최초 불행의 원천'이라고

잠깐!!!

'자연법'이란 무엇인가?

자연법이란, 인간이 만든 법(人定法 혹은 실정법)의 근거가 되거나 이를 초월하는 것으로서 '자연에 합당하거나', '자연 질서에 따라 올바른 것' 혹은 '인간 본성에 바탕을 둔 법'을 말합니다.

	철학자	주장
중세	토마스 아퀴나스	자연법은 신에게서 비롯한다. 자연법을 위반하는 실정법은 타당하지 않다.
근대	로크, 벤담	자연법은 인간 이성에서 비롯하며, 실정법을 옹호하기 위해 이용된다. 자연법보다 실정법을 중시(법 실증주의)

자연법은 인간이 만든 실정법보다 우월한 것일까요? 그건 각자가 가진 세계관에 따라 달리 대답할 수 있습니다. 그러나 누군가 실정법의 타당성이나 근거를 찾고자 한다면, '자연법'이란 개념을 가정할 수밖에 없겠지요.

사람들 사이의 차이가 자연 상태에서보다 사회에서 얼마나 더 큰지 그리고 제도의 불평등으로 인해 인류의 자연적인 불평등이 얼마나 더 커지게 되는지 알게 될 것이다.

— 『인간 불평등 기원론』, 제1부

보았다. 왜냐하면 일단 사유재산이 정당화되면 "가진다고 해서 행복하지는 않지만 없으면 불행해하였기 때문이다"(『인간 불평등 기원론』, 제2부).

이러한 인간의 불행이 소위 '인정투쟁'이라는 것을 만들어 내었다. 다른 사람보다 더 많이 소유하고, 더 탁월하고, 더 높은 위치에 서고자 하는 것은 타인으로부터 '인정받고자 하는 것'으로서 마치 여기에 자신의 모든 행복이 달려 있는 것처럼 행동하게 되는, 그리하여 끊임없이 탐욕을 가질 수밖에 없는 불행한 삶이 이어지는 것이다.

어떤 의미에서 루소의 자연법과 인간의 악에 관한 사유는 기독교의 '원죄' 개념과 유사하다. 만일 원죄가 없었다면 인류는 앎이나 문명이나 진보라는 것을 가질 수 없었을 것이다. 비록 사회악이라는 무서운 부작용을 낳았지만 원죄는 오늘날의 인류가 있기 위해서 필요한 것이었다. 그리고 원죄에 대한 치유는 인간이 인간 이상이 되는, 즉 신성한 무엇이 될 수 있는 거룩한 사건이다. 그래서 아우구스티누스도 원죄를 "복된 죄여!"라고 한 것이다.

마찬가지로 문명과 사회적 삶을 선택하면서 인류는 자연법을 위반하는 무서운 결과를 초래하였지만 그럼에도 그것은 오늘날의 인류가 있기 위해서 필연적인 사건이었다. 그래

> 각자가 타인에게 주목하고 자신도 주목받기를 원하기 시작했고, 공적인 높은 평가가 가치를 지니게 되었다. … 그리고 이것이 불평등을 향한 그리고 동시에 악을 향한 첫걸음이었다. 이 최초의 선택으로 한쪽에는 허영과 경멸이, 다른 한쪽에는 수치와 시기심이 생겨났다.
>
> — 『인간 불평등 기원론』, 제2부

자연 상태에서 시민사회로 변화하는 것은 인간 내부에 주목할 만한 변화를 일으킨다. 그것은 인간 행위의 규칙으로서 정의가 본능을 대신하고, 인간의 행동에 과거에는 없던 도덕성을 지니게 한다. 이때 육체적 충동을 대신하여 의무의 소리가, 욕망을 대신하여 권리가 그 모습을 드러낸다.

— 『사회계약론』, 제1부, 제8장

서 루소 역시도 자연 상태에서 시민사회로의 이행을 마냥 부정적으로만 보지는 않는다. 그는 이 순간을 "지식이 없고 사리에 어두운 한 동물에 불과하던 자신을 지적인 존재, 즉 한 인간으로 만들어 준 이 행복한 순간"(『사회계약론』, 제1부, 제8장)이라고 말하고 있다. 인간에게 정의와 도덕성이 생겨난 것은 분명 사회적 삶을 영위하면서부터이다.

그럼에도 자연 상태로부터 시민사회로의 이행을 마냥 찬미하거나, 자연법의 위반을 단순히 필요악이라는 말로 치부해 버릴 수는 없을 것이다. 그만큼 그 부작용은 심각하기 때문이다. 루소는 이를 아주 원색적인 표현으로써 다음과 같이 비판하고 있다.

> 한번 인육을 맛보고서는 다른 먹이를 모두 거
> 부하고 사람만 잡아먹으려는 굶주린 늑대와
> 같다. ⋯ 평등은 깨지고 가장 끔찍한 무질서가
> 뒤따르게 되었다.
>
> — 『인간 불평등 기원론』, 제2부

결국 루소에게 있어서 자연법을 위배하면서 가지게 된 문명사회라는 것 혹은 자연인에서 지성인으로의 도약은 이중의 의미를 가진 일종의 변증법적인 사건이다. 한편으로는 평등과 자연적인 질서를 파괴하고 원초적인 자유를 앗아간 끔찍한 사건이지만, 또한 앎의 차원에서 무지에서 깨어나게 하고 정의감과 도덕성을 일깨워 준 행복한 사건이기도 하다.

따라서 가령 "자연으로 돌아가자!"라고 하는 루소의 언명이 말 그대로 '원시 상태의 자연'으로 되돌아가자는 것이 아니라 자연 상태에서에서 가졌던 평등과 자유 그리고 자연인이 가졌던 순수성을 회복하자는 것을 의미한다고 가정해 보자. 그렇다면 이는 현대의 문명사회가 지니고 있는 부작용 혹은 사회악을 최소화할 수 있는 인류공동체를 건설하자고 말하는 것으로 이해할 수 있을 것이다.

다시 말해서 당시의 산업자본주의 체제와 사유제산제도를 액면 그대로 긍정하는 것이 아니라, 이들이 가진 부작용을 최소화할 수 있는 차선의 사회제도나 사회공동체를 건설해야 한다는 것이다. 루소에게 있어서는 이러한 사회가 곧 '공화국République'이었고, 이상적인 공화국이란 곧 '전체 구성원들의 계약에 의해서 성립된 사회'를 말한다. 루소의 『사회계약론』은 이러한 차선의 사회에 대한 근거, 정당성, 그 조건들, 구성 요소와 형태 등에 대한 논의인 것이다.

○ 의지와 욕망으로서의 인간

우리는 루소가 주장하는 이상적인 사회공동체로서의 '공화국'에 대하여 말하기 이전에 이런 사회를 요청하게 된 동기나 기원에 대해서 알아볼 필요가 있습니다.

만일 자연인이 자연 상태에서 모든 것이 조화롭고 만족스러우며 자유로웠다고 한다면, 여기서 동물과 인간의 근본적인 차이는 무엇인가요? 그리고 자연 상태에서 자유롭다는 것은 또 무엇을 의미하는 것일까요?

루소에게 있어서 인간과 동물의 차이는 사유하는 데 있는 것이 아니다. 루소는 돌고래나 코끼리 같은 고등동물들도 최소한의 관념들을 형성하고 이들을 연결시키는 능력도 가졌다고 보았기 때문에 '사유하는 능력'이라는 인간의 특성은 인간과 동물들 사이의 결정적인 차이점을 제시하지 못한다. 동물들에게서는 결코 발견할 수 없는 인간만의 유일한 특징은 '의지하는 것'이다.

여기에서는 '자유'라는 개념과 '의지'라는 개념이 거의 유사한 것임을 알 수가 있다. 즉 무엇을 의지한다는 것은 곧 무엇을 선택할 수 있다는 것을 의미한다. 자연 상태의 인간은 자연 및 다른 모든 동물과 조화롭게 살아가지만 그들과는 다른 한 가지 특수한 능력 혹은 기질을 가지고 있는데, 그것은 곧 이러한 자연 상태를 그대로 받아들이거나 넘어설 수 있는 '선택권'이다. 이러한 선택권은 그 자신에게 전적으로 달린 것이어서 루소는 이를 '자유'로 보았다. 그리고 이러한 자유로운 선택은 곧 '자기 발전의 능력'을 의미한다.

'선택'이라는 말이 의미가 있기 위해서는 '보다 나은 것'을 선택해야 한다. 만일 '무작위의 선택' 즉 주사위를 던지거나 제비뽑기를 통해서 선택한다면 이는 엄밀히 말해 선택이라고 할 수 없는 것이다. 왜냐하면 이는 우연적인 결과가 제시해 주는 것을 따르는 것일 뿐 '자유로운 선택'이 아니기 때문이다.

의미 있는 선택이란 곧 자기 스스로의 판단에 의해서 보다 나은 것을 선택하는 행위이다. 이는 곧 자신에게 도움이 되는 것, 보다 정확히는 자신의 발전에 도움이 되는 것을 말

동물과 인간을 구별하는 것은 지성이 아니라 그의 자유주체
라는 특질이다. 자연은 모든 동물에게 명령하고 동물은 그에
복종한다. 인간은 같은 인상을 느끼지만 복종하거나 저항하
는 것은 자유라고 인정한다.

— 『인간 불평등 기원론』, 제1부

한다. 그리고 이렇게 무엇이 나에게 더 나은 것인가를 헤아
리고 판단하는 것은 정신 혹은 이성의 능력이다.

다시 말해 자유로운 선택을 감행한다는 것은 곧 정신을
가지고 사유하는 인간의 특징이다. 그래서 루소는 이러한
능력에 대해 "아무 이의도 있을 수 없는 아주 특별한 특질이
있는데, 그것은 자기 발전의 능력"(『인간 불평등 기원론』, 제1부)
이라고 말한다. 하지만 앞서 보았듯이 이러한 자유 선택은
곧 인간에게 '불행'을 낳은 첫 원인이기도 하다.

따라서 자연인으로 하여금 자연으로부터 멀어지게 한 것

> 우리로서는 독특하고 거의 무한한 능력이 인간의 모든 불행의 근원이라는 사실을 인정하는 것이 슬플 것이다.
>
> — 『인간 불평등 기원론』, 제1부

은 곧 무엇을 의지하게 되는 '자유 선택'의 특질이며, 이는 곧 '자기 발전을 추구하는 인간의 본성적인 기질'이다. 루소에게 있어서 정신을 가진 인간, 무엇을 의지하는 인간 그리고 자기 발전을 추구하는 인간이란 사실 동일한 사태의 다른 표현에 불과하며, 우리는 이를 한마디로 '욕망하는 인간'이라고 말할 수 있다. 인간이 정신을 가지고 있다는 그 사실로부터 인간은 필연적으로 더 나은 것을 욕망하도록 만들어진 것이다.

불교에서 인생을 '생로병사'로 요약하며 마치 인생 그 자체가 '고통' 혹은 '불행한 사건'인 것처럼 고찰하듯이, 루소에게 있어서 인간은 '욕망하는 존재'라는 그 사태로부터 불행하도록 선고받은 존재와 같다. 왜냐하면 "정신이 감각을 타락시키고 자연이 잠자코 있을 때도 의지는 여전히 활동하기"
때문이다.

　루소에게 있어서 자연인이 가졌던 자유 혹은 자유로운 삶
이 무엇인지를 정확하게 정의하기는 어렵지만, 우리는 '욕망
에 휘어잡히기 이전의 여유'라고 해석해 볼 수 있다. 일단 배
가 부른 사자는 주위에 아무리 손쉬운 먹잇감이 있어도 더
이상 사냥을 하지 않듯이, 자연인은 자신의 기본적인 욕구를
해결하면 더 이상 '소유'를 꿈꾸지 않는다. 그래서 그는 결코
필요 이상을 추구하지 않고 자연적 질서에 완벽히 조화를 이
루며 자유롭게 살고 있다.

　반면에 우리의 경험적 사실로 추론해 보면 욕망이 인간을

> 이처럼 우리의 모든 자연적 성향을 변화시키는 것이 인간의
> 본래 상태가 아니고 단지 사회의 정신이며, 사회가 야기한
> 불평등이라는 점을 증명한 것으로 내겐 충분하다.
>
> 　　　　　　　　　　　　　　　　— 『인간 불평등 기원론』, 제2부

불행하게 하는 이유는 욕망이 인간에게서 자유를 앗아 가기 때문이다. 욕망은 마치 마약과 같아서 돈이든, 권력이든, 사람이든 그 대상이 무엇이든 간에 인간은 한번 어떤 것을 욕망하게 되면 멈출 수가 없다. 그리하여 이러한 욕망에 빠진 사람에게는 자유로운 선택이 불가능하다. 사유가 시작되기 이전의 자연인에게는 '소유'나 '욕망'이라는 개념이 없었다. 이러한 개념은 모두 '사회'라는 것이 만들어진 이후에 생겨난 것들이다.

루소는 인간이 자유를 보장받기 위해 사회제도를 형성하였지만, 아이러니하게도 사회제도는 오히려 타고난 자유를 파괴하였다고 진단한다.

'타고난 자유'란 자연인이 가졌던 자연과의 조화 그리고 소유나 욕망이 없는 자유로운 삶을 말한다. 반면에 인간이 사회제도를 통해서 보장받고자 한 그 '자유'는 타고난 자유의 상실에 대한 두려움으로부터 발생한 '미래의 자유'를 의미한다. 하지만 '보장된 자유'는 어떤 의미에서 더 이상 자유가 아니다. 이는 보장된 믿음이나 보장된 사랑이 더 이상 진정한 믿음이나 사랑이 아닌 것과 같다.

모두 자유를 보장받을 거라 생각하고서 쇠사슬 앞으로 달려 나갔다. 왜냐하면 그들은 정치제도의 이익을 느낄 만큼의 이성은 갖고 있었지만, 그 위험을 예견할 만큼 경험이 많지 않았기 때문이다. … 사회와 법률의 기원은 이런 것이었다. 이 사회와 법률이 약자에게는 새로운 족쇄를, 강자에게는 새로운 힘을 주었고 '타고난 자유'를 영원히 파괴했다.

— 『인간 불평등 기원론』, 제2부

어쩌면 바로 여기에 모든 현대인의 비극이 있다고 할 수 있다. 사람들은 미래에 대한 막연한 두려움으로 미래의 안전을 보장받고자 온갖 조치를 가한다. 하지만 이러한 조치들이 오히려 인간을 안이하게 하고 나약하게 하며 결국 미래를 더욱 어둡게 하고 불행에 빠뜨리는 것이다. 반드시 그러한 것은 아니지만 여러 개의 건강보험을 든 사람은 그렇지 않은 사람보다 건강에 대해 소홀할 수밖에 없다.

자연인이 사회를 형성하게 된 원인은 인간이 정신을 가지고 사유하는 존재라는 그 사실에 있음을 부정할 수는 없지만, 그럼에도 루소는 '사회의 형성'이 필연적인 사건이라고 하지는 않을 것이다. 인간은 이것이나 저것을 선택할 수 있는 자유를 타고났기 때문이다.

그렇다면 애초에 인간이 사회를 형성하게 된 동기는 무엇일까? 진화론자들이라면 인간이 사회를 형성한 것은 '생존에 유리하기 때문'이라고 하겠지만, 아리스토텔레스는 '다만 생존을 위해서가 아니라 행복하게 살기 위해서'라고 할 것이다. 루소의 경우는 전자도 후자도 아니다. 왜냐하면 우선 자연인은 자연 상태 속에서 전혀 생존의 위험을 느끼지 않았기 때문이며, 또한 루소는 인간이 사회를 형성하게 된 것을 오히려 불행의 서막으로 보았기 때문이다. 그렇다면 루소가 보기에 인간이 사회를 형성하게 된 동기는 무엇이었을까?

루소의 사상에서 가장 모호하고 불확실한 것이 바로 이러한 사회 형성의 동기 부분이다. 사실 루소의 저서 어디에도 이 문제에 대해서 언급하고 있는 부분이 없다. 다만 루소는 이미 이루어진 인간 사회와 그 결과에 대해서 고찰하였을 뿐 애초에 '무엇이 인간으로 하여금 자연 상태를 떠나 사회를 형성하게 되었는가'에 대해서는 다루지 않았다.

하지만 우리는 루소의 전체적인 논의의 틀 속에서 이 문제에 대한 답을 추론해 볼 수 있다. 그 대답은 "욕망으로 인한 우연한 선택" 혹은 "유혹으로 인한 우발적인 선택"이라고 하는 것이 타당해 보인다. 왜냐하면 사회를 최초로 창설한 사람은 '땅을 사유화'한 사람인데, 이들은 '소유'가 자유와 행복을 보장해 줄 것이라는 일종의 유혹을 당한 것이기 때문이다.

어쨌든 루소에게 있어서 인간 사회와 사회성은 역사를 통해 이미 형성된 것이며, 되물릴 수 없는 것이다. "피할 수 없으면 즐겨라!"라는 말이 있듯이 어차피 인간이 사회 속에서 살아갈 수밖에 없는 존재라면, 루소는 사회악이 적은 사회, 불행이 최소화된 사회를 추구하고자 한다. 이에 따라 루소는 우리에게 다음과 같은 물음을 던진다.

"기존의 사회가 사회악을 통해서 인간성을 타락시키고 자유를 박탈하면서 노예화시키고 있다면, 인간성을 성장, 발전시키면서 인간에게 최상의 자유를 약속하는 그런 사회란 어떠한 사회인가?"

4장

계약사회와 민주공화국

프랑스 영화 〈뷰티풀 그린〉은 일종의 유토피아 세계를 그린 코믹 영화이다. 마치 낙원과 같은 행성 '뷰티풀 그린'에는 지구인보다 훨씬 앞선 지능과 초능력을 가진 순박한 사람들이 살고 있다. 이들은 전혀 기계문명에 의존하지 않고, 자연을 벗 삼아 마치 루소가 말하는 자연인처럼 살고 있다.

이곳에서는 다른 행성을 돕기 위해서 해마다 여행단을 뽑고 있지만, 유독 지구로 가려는 지원자는 없다. 그 이유는 그들이 지구라는 행성을 공해와 오염 그리고 유해한 음식으로 가득 차 있는 미개 행성으로 간주하고 있기 때문이다. 하지만 자신의 어머니가 지구인이라는 사실을 알고 있는 밀라가 지구 여행에 자처하고 나선다.

사실상 이 영화는 특별한 메시지를 담고 있다기보다는, 다만 인간이 상상할 수 있는 가장 '이상적인 세계'란 이러한 모습이 아닐까 하는 '유토피아'의 모습을 보여 주고 있을 뿐이다. 그런데 이 영화에는 유토피아를 주제로 하고 있는 다른 영화들과 다른 점이 있다. '유토피아'를 주제로 삼는 대개의 영화가 사실은 '디스토피아'를 말하고 있으며 인간은 유토피아를 추구하면서 결국 디스토피아를 낳고 만다는 교훈을 주는 데 반해, 이 영화는 언젠가는 갈 수 있고 지금도 어딘가에 존재할 것만 같은 유토피아를 보여 주고 있다는 점이다.

  루소는 『사회계약론』에서 '이상적인 공화국'이라는 일종의 유토피아에 대한 비전을 말하고 있다. 그리고 이러한 유토피아는 영화 속의 판타지가 아니라, 인간이 끊임없이 노력하면 얻을 수 있는 '가장 이상적인 사회'이다. 그리고 이러한 루소의 비전은 이미 유럽 사회에서 '복지국가'라는 이름으로 어느 정도 실현되었다. 물론 그곳에도 많은 문제점이 존재하고 있지만 선진화된 사회의 장점을 긍정하고, 이에 대해 배우고자 한다면 우리는 보다 행복한 사회로 향할 수 있다. 행복한 사회를 진정으로 바라는 사람이라면, 루소가 말하고 있는 '이상적인 공화국'이 어떤 모습인지 알아볼 필요가 있지 않을까?

○ 사회가 성립하기 위한 조건은 무엇인가?

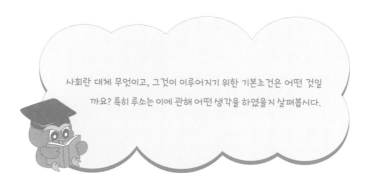

사회란 대체 무엇이고, 그것이 이루어지기 위한 기본조건은 어떤 것일까요? 특히 루소는 이에 관해 어떤 생각을 하였을지 살펴봅시다.

　사회社會란 여러 구성원들이 모여 일종의 조직을 이루고 있는 집단을 말한다. 이러한 의미에서 인간뿐만 아니라 꿀벌이나 코끼리 등도 사회를 형성하고 있다고 말할 수 있다. 하지만 곤충이나 동물들의 사회 형태는 수천 년 전이나 현재나 동일한 형태를 유지하고 있지만, 인간 사회는 씨족사회, 부족사회, 봉건사회, 공산사회, 민주사회, 복지사회 등 그 형태가 늘 바뀌어 왔다. 그 이유는 곤충이나 동물들의 사회는 본능에 의해 형성되며 시간의 흐름과 무관하게 항상 같은 형태를 유지하지만, 인간 사회는 구성원들의 자유로운 의사에 의해 질서가 주어지기에 진보라는 역사의 흐름과 함께 그 형태가 바뀔 수밖에 없기 때문이다.

그런데 한 사회의 형태나 질서는 자연적으로 주어진 것이 아니라, 구성원들 사이의 계약에 의해서 주어진다는 것이 루소의 입장이다.

자연권이란 자연적으로 주어진 권리 혹은 자연질서로부터 주어진 권리를 말한다. 오늘날 '인권'은 대표적인 자연권이다. 어떤 사람이 범죄를 저지르고 감옥에 갇혀 있다고 해도 이 죄인에게 밥을 주지 않거나 고문을 해서는 안 된다. 이유는 지극히 자명하다. 죄인 역시 인간이 인간이라는 사실, 인간이 인간의 본성을 지니고 있다는 사실만으로 갖게 되는 자연적인 권리인 인권을 지녔기 때문이다.

오늘날 의무교육이라는 것이 존재하는 이유도 인간이라는 이유만으로 가지는 '배울 권리'를 충족하기 위한 것이다. 또한 '양심적 병역거부'라는 것도 일종의 자연권인 '양심에 따라서 살 권리'를 충족하기 위한 것이다. 하지만 이 외에 대부분의 사회적 질서로부터 주어지는 권리는 인간이라는 이유만으로 주어지는 권리 즉 자연권은 아니다. 한 사람이 대학

> 사회질서는 다른 모든 질서의 기초가 되는 신성한 권리이다.
> 그러나 그 권리는 자연권이 아니므로 계약에 의해 성립된 권
> 리임에 틀림이 없다. 문제는 그 계약이 어떤 것인가를 결정
> 하는 것이다.
>
> — 『사회계약론』, 제1부, 제1장

에 진학하거나, 적성에 맞는 직업을 가지거나 혹은 관공서에서 특정한 정보를 알고자 하는 것 등은 모두 일정한 요건을 갖추었을 때만 가능하다. 이는 모두 사회적 질서가 요구하는 요건들을 충족하였을 때 가능한 것이며, 이때 이 사회적인 질서는 구성원들의 합의 즉 '계약'에 의해서 형성된다.

전통적으로 수직적인 위계질서를 의미하는 유교적 윤리 속에서 살아온 일부 한국인들에게는 '사회질서'가 구성원들의 계약에 의해서 성립된다는 사실이 선뜻 공감되지 않을 수도 있다. 모든 인간이 평등하다는 사실도, 또 남녀노소 모두

사실 선행하는 계약이 없다면, 선거가 만장일치가 아닌 이상
소수가 다수의 선택을 따라야 할 의무가 어디 있겠는가?

— 『사회계약론』, 제1부, 제5장

가 동등한 권리를 가지고 있다는 사실도 낯설 수 있다. 특히
국가 권력이나 여타의 공권력 앞에서 한 개인이 가지는 평등
성이나 권리에 대한 이념은 매우 취약하다. 하지만 전통적으
로 서구기독교적 문화 속에서 살아온 유럽인들에게는 만인
평등사상이 매우 강하다.

　루소에게 있어서 만인이 인간으로서 평등하다는 사실은
모든 사회 구성원들이 사회질서 앞에서 동등한 권리를 가지
고 있음을 의미한다. 그래서 "우리는 각 구성원을 전체의 불
가분의 한 부분으로 대접한다"(『사회계약론』, 제1부, 제6장)라고
말한다. 그렇기 때문에 루소에게는 다수결의 민주주의 원칙
도 그 자체로 타당한 것이 아니라 이를 미리 약속한 계약에

의해 타당한 것이다.

이와 마찬가지로 모든 권력은 사회 구성원들 사이의 계약에 의해서만 정당성을 확보하며, 사회 권력이 계약을 어기게 되면 이러한 계약은 파기되어야 한다. 당시 유럽 사회의 군주제는 군주와 백성 그리고 지주와 소작인 상호 간의 보호와 협력이라는 계약에 의해 성립한 것이다. 그런데 군주와 지주가 백성과 농노를 보호할 자신들의 의무를 저버리고 사적인 권력과 이익을 추구하였을 때, 루소는 그러한 사회에 더 이상 계약이 유효하지 않다고 본 것이다. 그리고 사회의 구성원들은 새로운 사회의 질서를 위한 새로운 계약을 필요로 한다고 보았다.

이러한 사회계약론의 근본적인 정신은 어떤 특정한 정치제도를 지지하는 것은 아니다. 그것이 어떠한 정치체제를 가지고 있든지 구성원들 사이의 정당한 계약에 의한 것이라면, 그리고 쌍방 간에 이 계약이 충실하게 지켜진다면 그러한 정치제도는 긍정되어야만 하는 것이다. 따라서 루소에게 있어서 사회 형성의 가장 근본적인 요건은 구성원들 사이의 자유롭고 정당한 계약이며, 이러한 계약의 충실한 이행이다.

아무도 자기와 같은 사람들을 지배할 천부적인 권력을 가지고 있지 않다. 따라서 폭력만으로는 어떠한 권력도 만들어지지 않기 때문에 사람들 사이의 모든 합법적인 권력은 계약에 근거되어야만 한다.

— 『사회계약론』, 제1부, 제4장

사회계약이 파기되면 각자가 자신의 최초의 권리를 되찾고자 하며, 이는 계약상 버리고 포기하였던 자신의 자연적 자유를 되찾을 때까지 계속된다.

— 『사회계약론』, 제1부, 제6장

○ 민주공화국이란 무엇인가?

그런데 "유전무죄, 무전유죄"라는 말이 있듯이, 모든 '계약'이란 일종의 법률 조항으로 구성되며, 이는 기득권을 가진 자나 사회적으로 힘이 있는 자에게 유리하게 구성되지 않나요? 루소에게 있어서 '계약'의 가장 중요한 요건은 무엇일까요?

　루소의 경우 계약에 있어서 가장 중요한 점은 계약 당사자 간의 평등이다. 정당한 사회의 구성원이라면 누구나 이 계약의 주체가 되며, 누구나 공정하고 공평하게 계약을 통해 자신의 이익을 추구하게 된다. 사실 계약이란 약속이며, 모든 약속은 "반드시 무엇을 해야 하거나 지켜야 한다"는 구속을 전제로 한다. 이는 일종의 '자유의 양도'를 함의하고 있다. 계약에 적용되는 모두가 자신의 자유를 계약에 양도함으로써 모두의 평등이 보장된다는 것이 루소의 생각이다.

　물론 사회계약이 이루어졌다고 해서 완전히 실질적인 평

개개인이 전적으로 자신(자신의 자유)을 양도함으로써, 조건은 누구에게나 평등해진다.

— 『사회계약론』, 제1부, 제6장

평등하고 자유롭게 태어난 그들의 이익을 도모할 수 있을 때에만 그들 모두는 그들의 자유를 양도한다.

— 『사회계약론』, 제1부, 제2장

등이 이루어질 수는 없을 것이다. 왜냐하면 개인마다 육체적·정신적 조건은 모두 다르며 또한 개개인이 처한 문화적·환경적 배경도 모두가 다르기 때문이다. 루소도 이 점을 부정하지 않는다. 그래서 그는 계약이 "육체적인 불평등을 도덕적인 그리고 법률적인 평등으로 대체한다"(『사회계약론』, 제1부, 제9장)고 말하고 있다.

사람들은 "법 앞에서는 만인이 평등하다"라고 말하곤 한다. 즉 재벌이나 일개 노동자나 법 앞에서는 모두가 동등한 권리를 가진 시민이라는 뜻이다. 그 이유는 법률을 제정한 주체가 곧 그 사회의 모든 구성원이기 때문이다. 루소는 한 국가나 사회공동체의 법률은 그 구성원들이 제정하고 구성원들의 뜻에 반하는 법률은 정당성을 상실한다고 주장한다. 그리고 국민이란 언제든지 국가의 법률을 바꿀 권리를 가져야 한다고 강변한다.

따라서 루소가 말하는 '공화국'과 오늘날 한국 사회가 말

법률은 정확하게 말한다면 사회적 결합의 계약 조항일 뿐이다. 그러므로 법률에 복종하고 있는 국민이 법률의 제정자가 되어야 한다. 왜냐하면 모임에 참여하는 자들만이 그 모임의 조건을 결정할 권리를 가질 수 있기 때문이다.
— 『사회계약론』, 제2부, 제6장

국민은 어떤 경우라도, 설령 최악의 경우라 할지라도 법률을 바꿀 권리를 가져야 한다.
— 『사회계약론』, 제2부, 제12장

하고 있는 '민주공화국'은 사실 같은 의미이다. '민주民主'란 말 그대로 '백성이 주인'인 것을 말하고, '공화국'이란 것도 이러한 의미를 담고 있는 용어이다. 그렇기 때문에 '민주공화국'은 일종의 강조용법이라고 해야 할 것이다.

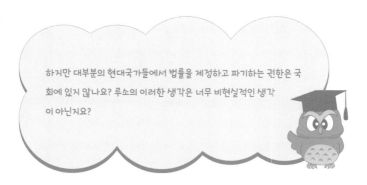

하지만 대부분의 현대국가들에서 법률을 제정하고 파기하는 권한은 국회에 있지 않나요? 루소의 이러한 생각은 너무 비현실적인 생각이 아닌지요?

오늘날 한국에서는 법률 제정과 관련된 모든 업무를 국회가 담당하고 있다. 사실 거대화된 현대국가에서는 그리스의 도시국가와 같은 직접민주주의가 불가능하며, 국가적 정책이나 법률의 제정과 같은 사안에 국민들이 직접 참여하기는 거의 불가능하다. 그렇기에 루소가 말하듯 사회질서를 오늘날의 국가사회에 적용할 수는 없으며, 어떤 의미에서 그는 이상사회를 염두에 둔 원칙을 말한 것으로 볼 수 있다. 루소는 자신이 말하고 있는 이러한 사회를 개인의 인격들이 모두 결합되어 있는 "공적 인격"이라고 말하면서 이를 그리스의 "도시국가polis" 그리고 "공화국République"(『사회계약론』, 제1부, 제6장)이라고 말하고 있다.

여기서 "도시국가"의 참여정치와 "공화국"의 참여정치가 동일한가 하는 의문은 있다. 그러나 그와는 별개로 루소가 꿈꾸는 이상적인 공화국이란 국민 개개인이 주권자 즉 주인이 되는 국가를 말하며, 원칙적으로 모든 국민에게 국가의 질서를 결정하는 권한이 있는 국가이다. 만약 현재의 대다수

인간으로서 개인에게 성숙기가 있는 것과 같이 국가의 국민에게도 성숙기가 있는 만큼, 반드시 이 시기가 오기를 기다려 국민이 법률을 다루게 해야 한다.

— 『사회계약론』, 제2부, 제8장

공화제라는 말로 내가 의미하려고 하는 것은 … 일반적으로 전체 의사에 의해서 인도되고 있는 모든 정부를 가리킨다. 왜냐하면 전체 의사는 법률이기 때문이다. 정부가 합법적인 것이 되기 위해서는 주권자와 혼동되어서는 안 되며, 주권자의 대리인이 되어야만 한다.

— 『사회계약론』, 제2부, 제6장

국가들이 루소가 생각하는 공화국의 형태를 보여 주지 못하고 있다면, 루소는 국가도 성숙하는 시기가 있고 충분히 성숙한 공화국으로서의 국가는 그렇게 될 것이라고 할 것이다.

루소가 자주 언급하고 있는 "일반 의지" 혹은 "전체 의사"는 바로 공화국의 핵심이자 근본이다. 비록 현대와 같은 거대 국가에서는 결코 그리스의 도시국가가 가졌던 '모든 국민이 직접 국가정책에 참여하는' 직접민주주의의 형식을 고수할 수는 없지만, 그러나 진정한 공화국의 원칙은 직접민주주의의 형식을 지향하여야만 한다. 이러한 체제 안에서 법률은 "일반 의지" 혹은 "전체 의사"의 표상이며, 그렇기 때문에 국가의 주권자는 언제나 국민인 것이다. 그리고 정부는 바로 이러한 "일반 의지"를 대신해 주는 '대리인'에 불과하다.

"국민에 의한, 국민을 위한, 국민의 정부"라는 링컨의 유명한 말도 사실은 루소가 말한 공화국의 이념을 달리 표현한 것에 불과한지 모른다. 우리나라의 헌법 제1조 제1항에 나오는 "대한민국은 민주공화국이다"라는 말도 바로 루소가 말하고 있는 그 "공화국"에서 기원하고 있다. 따라서 "국민이 법률을 제정하고 파기할 수 있어야 한다"는 루소의 생각은 비현실적인 생각이라기보다는 모든 민주주의 국가가 궁극적인 목표로 삼아야 하는 일종의 '공화국의 근본 원칙'이라고 해야 할 것이다.

○ 자유냐? 평등이냐?

그렇다면 루소가 생각하는 '이상적인 공화국'은 어떤 곳
일까요? 가령 오늘날의 한국 자본주의 사회는 공화국의
형태와 어떤 차이점이 있을까요?

루소가 생각하는 공화국에서 구성원들이 가지는 가장 중
요한 가치는 '자유'와 '평등'이다. 왜냐하면 모든 입법체계의
목적이 바로 이것을 지향하고 있기 때문이다.

그런데 상식적으로 '자유'와 '평등'은 동전의 양면처럼 거
의 동일하면서도 서로 상충되는 개념인 것 같다. 즉 자유를
강조하면 평등은 어느 정도 약화되고, 평등을 강조하면 자유
를 어느 정도 희생해야만 하기 때문이다.

가령 오늘날 한국 사회에서 중요한 사회적 이슈가 되고 있
는 '분배의 정의'는 지나친 부의 편중을 약화시켜 국민들이
더 평등한 삶을 살 수 있도록 하려는 것이다. 반면에 경제적

모든 입법체계의 목적인 만인의 최대 행복이 구체적으로 어디에 있는가를 찾아보면, 우리는 그것이 '자유'와 '평등'이라는 두 개의 중요한 대상으로 귀착된다는 사실을 발견하게 될 것이다.

— 『사회계약론』, 제2부, 제11장

정의를 내세운 '성과급 연봉제'는 어느 정도 평등의 개념을 약화시키면서 개인의 '자유'를 강조하는 것이라고 볼 수 있다.

일반적으로 진보주의자는 평등을 강조하는 반면 보수주의자는 자유를 강조하는 경향이 있다. 그래서 자유와 평등의 문제는 종종 진보냐 보수냐 하는 극단화된 정치적 문제로 대두된다. 어느 하나를 전적으로 지지할 수 없는 정부로서는 이 둘 모두를 수용하고자 하기 때문에 한편으로는 '복지'라는 이름으로 '분배의 정의'를 실현하고자 하며, 다른 한편으로는 '성과급 연봉제'를 지지하면서 '경제적 정의'를 실현하고자 하는 것이다. 이런 점에서 한국 사회는 한편으로는 '평등'을 강조하며, 다른 한편으로는 '자유'를 강조하는 일종의 모순된 사회의 모습을 하고 있다고 할 수 있다.

그렇다면 자유와 평등을 동시에 지향하는 루소의 주장도 모순된 것인가? 그렇지는 않다. 자본주의 사회에서 자유란 근본적으로 소유의 자유라는 의미를 담고 있다. 즉 모든 국민은 자본을 소유함에 있어서 자유로우며, 누구나 자신의 능력에 따라 원하는 만큼의 부를 소유할 수 있다. 또한 국가는 개인의 자본 소유에 관여하지 않고 그것을 보호한다는 의미를 담고 있는 것이 '자본주의 사회의 자유 개념'이다.

반면에 루소가 말하고 있는 자유는 '법률상의 자유' 혹은 '시민으로서의 자유'를 의미하기 때문에 자본의 소유와는 거리가 멀다. 다시 말해서 시민은 법률 제정의 주체로서 스스로 정한 법을 따르기 때문에 자유로운 것이다.

그렇기 때문에 시민의 자유를 행사한다는 것은 법 앞에서 누구나 동등하게 대우받는다는 것을 의미하기도 한다. 따라서 루소가 주장하는 자유는 평등과 함께 가는 것이다. 법의 제정에 있어서 나의 권리가 박탈된다는 것은 곧 타인이 만든 우리는 사람이 자신의 주인으로 남을 수 있는 정신적 자유를 시민사회에서 얻고 있음을 명시해야 한다. 왜냐하면 오로지 욕망의 충동만을 따르는 것은 노예적 굴종이지만, 스스로 만든 법을 좇는 것은 자유이기 때문이다.

— 『사회계약론』, 제1부, 제8장

법을 따라야 한다는 것을 말하며 이는 곧 내 자유가 박탈됨을 의미한다. 그래서 시민사회에서는 법률을 제정하는 과정에서 평등이 박탈되면 곧 자유도 박탈되는 것이다.

루소에게 있어서 법률 제정의 첫 번째 목표는 평등을 실현하는 데에 있다. "평등이 그 목표가 되는 이유는 평등 없이는 자유가 있을 수 없기 때문이다"(『사회계약론』, 제2부, 제11장). 그리고 새로운 법률의 제정에 있어서 항상 염두에 두어야 할 것도 곧 평등이다. 왜냐하면 "환경의 추이가 평등을 파괴하는 경향이 있기 때문에, 입법은 항상 평등을 유지하는 쪽으로 지향해야 하기 때문이다"(『사회계약론』, 제2부, 제11장).

따라서 우리는 루소가 주장하는 자유를 일종의 '도덕적 자유' 혹은 '차원 높은 자유'라고 해야 할 것이다. 이는 칸트가 주장하는 '도덕적 자율성'의 개념에 더욱 가까운 것이다. 왜냐하면 스스로 정한 법률은 이를 지켜야 한다는 의무감을 전제하는 것인데, 스스로 의무를 부여하고 이를 준수하는 자유를 칸트는 '자율성'이라고 불렀기 때문이다.

독재국가나 권위주의 국가에서 국민들을 힘들게 하는 것은 무엇보다 국민에게서 자율성을 빼앗고 나아가 도덕성을

자유를 포기하는 것은 인간성, 인간의 권리, 그리고 의무를 포기하는 것이다. … 인간의 의사에서 자유를 모두 빼앗는다는 것은 인간의 행동에서 모든 도덕성을 없애 버리는 것을 의미한다.

— 『사회계약론』, 제1부, 제4장

박탈하는 정부의 태도이다. 자본주의가 지나치게 발달한 미국이나 한국에서는 '개인의 부에 대한 자유'가 너무 존중되는 나머지 빈익빈 부익부 현상이 필연적이다. 부의 소유를 가능하게 하는 조건이 바로 소유하고 있는 자본이기에 그렇다. 상위 1%가 자본의 90%를 소유하고 있는 극단적인 자본주의 국가에서는 평등이라는 말은 무의미하고, 결과적으로 시민의 자유라는 말도 공허하게 들린다. 지나친 부의 편중은 어떤 식으로든 권력과 권리의 편중을 의미한다.

이런 경우에 루소가 말하는 진정한 의미의 '공화국'은 불가능한데, 그 이유는 너무나 자명하다. 이 공화국은 모든 구성원이 하나의 몸체를 이루고 있는 '공적인 인격' 혹은 "구성원들의 단결 속에서만 생명을 유지할 수 있는 정신적 인격체"(『사회계약론』, 제2부, 제4장)이기 때문이다! 결론적으로 말해 루소가 꿈꾸었던 공화국에서 자유와 평등은 항상 비례하여 발전하며, 양자는 서로 나뉠 수 없다.

○ 루소가 꿈꾸었던 이상적인 공화국은 실현 가능한가?

진정한 공화국의 이념을 지향하는 사회는 일종의 '복지국가'를 지향할 수밖에 없다. 대다수의 유럽 선진국이 '유럽식 사회주의'라는 이름으로 '복지국가'를 지향하는 것은 이러한 공화국의 이념을 실현하기 위해서는 당연한 귀결이다.*

* 유럽식 사회주의는 '사유재산'을 긍정하되, 개인의 무제한적인 부의 소유를 제한하고 부의 재분배에 관하여 국가가 개입하는 것을 말합니다. 그 대표적인 예는 유럽 복지국가들의 세금제도와 복지제도인데요. 가령 프랑스의 경우 모든 개인이나 기업은 총수입의 67% 정도를 세금으로 납부하는데, 이러한 세금으로 모든 국민들에게 주거, 교육, 치료 등을 거의 무상으로 받을 수 있도록 복지제도를 시행하고 있답니다.

한국 사회에서도 현대로 올수록 복지에 대한 요구가 커지는데, 이는 '평등의 실현을 통한 공적 인격'을 실현하기 위해서는 당연한 결과이다. 하지만 복지국가란 사회복지제도만 잘 갖추고 있다고 실현되는 것은 아니다.

복지국가란 말 그대로 모든 국민에게 복지를 약속하는 국가이다. 국민 개개인이 서로를 마치 동일한 형제로 생각하는 '형제애'가 없이는 불가능하며, 또한 막대한 부를 소유한 정부기관의 청렴성을 전제하지 않는다면 권위주의 국가나 독재국가로 흐를 확률이 매우 높다. 즉 여러 특수한 법들이 지붕을 지탱하는 아치에 불과한 반면, 도덕은 형성되기까지는 긴 시간이 걸리지만 결국은 이 지붕을 확고하게 지탱하는 초석의 역할을 한다.

— 『사회계약론』, 제2부, 제12장

진정한 복지국가는 그 아래에 '전 국민의 도덕성'이 기본으로 전제되지 않는다면 불가능하다. 그래서 루소도 모든 법률의 아래에서 초석의 역할을 하는 것이 도덕성이라고 본 것이다.

루소가 『사회계약론』을 저술한 다음 『에밀』이라는 교육론을 저술한 목적도 바로 이러한 공화국 시민으로서의 도덕적 자질을 함양하기 위한 교육을 말하기 위해서였다. 그는 『에밀』의 서문에서 이 책의 저술 목적을 "아동의 교육을 위하여, 이상적인 시민으로 성장할 수 있음을 보여 주기 위하여"라고 공언한다. 여기서 이상적인 시민이란 곧 이상적인 공화국의 일원을 말한다. 그렇다면 루소가 꿈꾸었던 이상적인 공화국

● 루소는 『사회계약론』 제1부 제9장에서 개인이 토지를 소유하는 조건으로서 세 가지를 제시하고 있습니다. ① 그 토지에는 지금까지 아무도 거주한 적이 없을 것, ② 생존에 필요한 만큼의 토지만을 점유할 것, ③ 공허한 형식이 아니라 노동과 경작에 의해서 그 토지를 소유할 것.

은 한마디로 어떠한 공동체를 말하는 것일까?

『사회계약론』을 보면, 1부에서는 마치 '이상적인 공산사회'를 말하고 있는 것 같지만 2부에서는 한 발짝 양보하여 '유럽식 사회주의'를 말하고 있는 것 같다.* 그 차이는 모든 부의 소유를 공동으로 하는가, 아니면 일정 부분의 사적 소유를 인정하고 나머지를 공동으로 하는가이다.

이상적인 공산사회이든 유럽식 복지국가이든 여기서 공통으로 중요한 것은 내가 소유한 것이 다 나의 것이 아니라는 생각을 가져야 한다는 점이다. 나아가 공동체의 모든 구성원이 다 함께 행복해야 한다는 마음을 가져야 한다는 점이다.

인류 역사에서 공산주의가 망한 근본적인 이유는 공산사회 그 자체가 나쁜 제도이거나 비효율적인 제도이기 때문이 아니다. 그보다는 지도자나 권력자들의 부패와 개인 소유에 대한 양도가 자발적이 아닌 국가법에 의한 강제적인 방법에 의해 이루어졌기 때문이라고 역사가들은 말하고 있다. 요컨

공동체가 형성되는 순간 구성원은 각자가 현존하는 그대로 자신과 자신이 소유하고 있는 재산을 포함한 모든 자원을 형성된 공동체에 양도한다. … 왜냐하면 국가의 구성원에 대해서는 국가 안에서 모든 권력의 기초가 되고 있는 사회계약에 의하여 국가가 그들이 지닌 모든 재산의 주인이 되기 때문이다.

— 『사회계약론』, 제1부, 제9장

사회계약에 의해 공동체의 필요에 따라 각 개인의 능력, 재화, 그리고 자유 중 일부분만을 양도하는 것을 인정했다. 그러나 필요의 정도는 주권자만이 결정할 수 있다는 사실도 인정되어야 한다.

— 『사회계약론』, 제2부, 제4장

대 루소가 꿈꾸었던 이상적인 공화국이 공산사회이든 복지국가의 형태이든 그것은 '공화국'이라는 이름을 가진 모든 국가가 점진적으로 접근해 갈 수 있고 접근해 가야만 하는 그런 '이상적인 모델'이라고 할 수 있다.

루소가 꿈꾸던 이상적인 공화국은 실현 가능성의 문제가 아니라, 어느 정도까지 가까이 다가갈 수 있느냐는 '정도의 문제'로 귀착된다. 이상적인 공화국의 실현에 있어서는 "가다가 그만 가도, 간 만큼은 이득이다!"라는 현대의 속담이 꽤나 적절한 것이 아닐까 ….

'편하게 만나는 프랑스 철학'의 두 번째 시리즈로 『루소와의 1시간』을 선택하였다. 루소를 두 번째 철학자로 선택한 데에는 몇 가지 이유가 있다. 우선 루소는 데카르트와 마찬가지로 가장 널리 알려진 대중적인 철학자이만 그의 철학이나 사상에 대해서는 거의 알려져 있지 않다. 데카르트의 이름을 모르는 사람들이 거의 없는 것과 마찬가지로 아마도 '루소'의 이름을 모르는 사람도 거의 없을 것이다. 반면 루소가 어떤 사람인지를 묻는다면 어떤 이들은 문학자로 알고 있고, 또 어떤 이들은 교육자로 알고 있기도 하다.

두 번째는 루소의 철학은 데카르트의 철학과 마찬가지로 프랑스 철학의 특징을 잘 보여 주고 있기 때문이다. 데카르트가 '분명함'을 통해서 프랑스 철학의 특징을 잘 보여 주고 있다면, 루소는 '구체적인 것'을 통해서 프랑스 철학의 특징을 잘 보여 주고 있다. 그의 사상은 당시 다방면으로 위기에 처한 유럽인들의 삶을 변혁시키는 데 전체적으로 집약되어 있다. 그리고 그 결과는 '프랑스 혁명'이라는 구체적인 삶의 열매로 이어졌다.

세 번째는 '교육 문제' '사회정의 문제' '복지사회 문제' '환경 문제' 등 여러 가지로 여전히 혼란한 한국 사회의 사회적 상황 속에서 루소의 철학이 한국인들에게 '보다 행복한 한국 사회'를 건설하는 데 실질적으로 도움을 줄 수 있을 거라는 확신 때문이다. 철학이 반드시 구체적인 현실의 문제를 다루는 것은 아니라고 할지라도 만일 철학이 전혀 우리들의 현실의 문제에 도움이 되지 않는다면, 무엇으로 철학의 존재 이유를 찾을 수 있을 것인가? 루소만큼 구체적인 삶의 문제와 밀착되어 있었던 철학자는 없었으며, 이런 측면에서 루소만큼 철학의 존재이유를 잘 말해 주는 사람은 없다고 할 수 있다.

루소의 사상은 한 마디로 '사회·정치철학'이라고 할 수 있다. 그리고 그 사상의 핵심은 『사회계약론』에서 잘 드러나고 있는데, 구체적으로는 '이상적인 공화국에 대한 비전'을 제시하는 것이다. 오늘날 대부분의 선진국들이 사회적 체제로 견지하고 있는 '민주공화국'이 루소의 사상에서 비롯되었다는 것을 아는 사람들은 많지 않다. 나아가 '공화국'이란 것이 대체 무엇을 의미하는 것인지를 묻는다면 이에 대한 분명한 답변을 하는 사람도 거의 볼 수 없다.

그런데 '이상적인 공화국'에 대한 루소의 비전이 단번에 이루어진 것은 아니다. 청년 시절의 루소는 철학보다는 오히려 예술에 심취해 있었다. 그는 피아노를 가르쳤고, 새로운 음악 표기법을 논하는 『현대 음악론』을 저술하였으며, 오페라를 작곡하였고 『음악사전』을 집필하기도 하였다. 그러던 중 「과학과 예술에 대한 논고」라는 논문으로 세상에 알려진 루소는 돌연 '도덕적 개혁'에 몰두하게 되었는데, 누구도 그 이유를 정확히 알 수는 없었다.

그 첫 결과물이 『인간 불평등 기원론』인데, 아마도 사람들은 여기서 왜 그가 '도덕적 혹은 사회적' 개혁에 몰두하게 되었는지 그 이유를 발견할 수 있을 것이다. 여기서 루소는 그 이전에는 누구도 말할 수 없었던 인간 문명의 진실, 그 어두운 면을 적나라하게 드러내고 있다. '군주제'와 막 태동하고 있던 '산업사회'가 인간의 자유를 억압하고, 인간을 노예로 만들고, 인간성을 왜곡하고 있다고 신랄하게 비판하면서 문명이 곧 인간 사회에 악을 퍼뜨린 장본인처럼 비판하고 있는 것이 이

책이며, 여기서 루소는 "진정으로 인간이란 어떠한 존재인가"를 질문하고 있다.

이러한 루소의 노력은 다방면으로 이어지는데,『신엘로이즈』라는 소설을 통해 당시 화려한 도시문화에 젖어 있는 파리 시민들로 하여금 '친환경적인 삶의 자연주의'를 역설하였고,『에밀』이라는 교육이론서를 통해서 '자연주의적 교육관'을 제시하였다.

『신엘로이즈』는 "자연으로 돌아가자!"라는 유명한 명언을 남기면서 당시 도시 문화에 젖어 있던 상류층 사람들에게 '친환경적 자연주의 열풍'을 일으켰고, 일종의 청소년을 위한 교육서인『에밀』은 이러한 자연주의적인 삶의 비전 위에 기획된 '자연주의 교육'에 대한 이론을 담고 있다. 물론 루소는『에밀』은 단순한 '자연주의 교육론'이 아니라, 청소년으로 하여금 '이상적인 공화국의 시민'으로 길러 내기 위한 교육서라고 스스로 말하고 있다.

아무리 좋은 도구라고 해도 이를 사용하는 사용자가 이 도구에 대해 무지하다면 도구는 무용지물일 것이다. 마찬가지로 루소가 기획하고 있었던 '공화국의 비전'이 아무리 멋진 '정치체제'라고 해도 그 안에서 살아갈 시민들이 준비가 되어 있지 않다면 그 체제는 오히려 혼란만을 가중하게 될 것이다. 이렇게 루소는 10년 동안을 준비하고, 3년 동안 집필하여 『사회계약론』을 완성하였다.

프랑스 혁명이 있던 날, 시민들은 먼저 「루소에게 바치는 찬사」와 그의 『사회계약론』을 낭독하고서 행진을 시작하였는데, 그 장면을 상상해 보면 참으로 숭고하게 다가온다. "펜은 총보다 강하다"는 말을 가장 실감 나게 해 주는 장면이며, 한 철학자의 정신이 어떻게 사회에 직접적으로 영향을 미치고 있는지를 잘 느낄 수 있기 때문이다.

오늘날 대다수의 유럽 사회가 견지하고 있는 '복지국가'라는 이름의 '유럽식 사회주의'는 전체적으로 루소의 『사회계약론』에 기초하고 있다. 하지만 루소가 처음부터 사람들의 찬미를 받은 것은 아니었다. 그가 『에밀』을 출간하였을 때, 그는 파리 의회로부터 유죄 판결을 받고 지명수배자가 되었으며, 그가 스위스로 피신하였을 때는 그의 『사회계약론』이 제네바에서 유죄 판결을 받고 추방당하게 된다.

그는 자신의 무죄함을 알리기 위해 『고백록』을 저술하였지만, 이 책은 그의 생전에는 출간되지 못하였다. 그리고 그는 자신의 저술이 후일 프랑스 혁명의 도화선이 되었음을 전혀 알지 못한 채 세상을 떠났다. 루소의 인생은 인간에게 불을 가져다주고 자신은 신들에게 형벌을 받게 된 그리스 신화 속의 프로메테우스를 연상케 한다.

인도의 힌두교에는 "인류가 위기에 처할 때마다, 신이 인간으로 태어나 빛을 주고 간다"는 명언이 있다. 한 사회가 진정으로 진보하기 위해서는 반드시 이를 위해 헌신하고 희생하는 위인을 필요로 한다는 데는 의심의 여지가 없다. 아마도 루소만큼 구체적으로 이를 잘 보여 주는 철학자도 없을 것이다. 비록 적은 분량의 책이지만 독자들이 이 책을 통해서 루소라는 철학자에 대해서 조금이라도 더 잘 알게 되고, 철학자가 어떤 사람인지를 보다 잘 이해할 수 있다면 … 하는 생각을 가져 본다.

2019년 초여름에
아라동 연구실에서, 저자

⭕ 루소 연보

소년기

1712년 3월 31일 제네바에서 탄생, 출생과 함께 어머니 사망.

10세까지 시계 수리공인 아버지의 손에, 이후 10년은 랑베르제라는 시골 목사에 의해 길러짐.

1728년 조각가의 견습생으로 들어가나 만족하지 못하고 제네바를 떠남.

청년기

1729년 가톨릭 성직자에 의해 바랑 부인Mme de Warens의 손에 맡겨진 후 가톨릭으로 개종함.

1736년 샹베리Chambéry의 샤르메트Charmettes에 정착하여 음악과 독서에 열중함.

1741년 리옹에서 잠시 가정교사로 일한 뒤, 29세의 나이로 바랑 부인과 작별하여 파리에 정착함.

장년기

1741~1743년   파리에서 자신만의 새로운 음악표기법을 '아카데미'에 제출하였으나 거절당함, 1742년에 『현대 음악론』으로 출간. 1743년에는 베니스 주재 프랑스 대사의 비서가 됨.

1744년   파리로 귀환, 오페라 「레 뮤즈 갈랑트Les Muses Galantes」를 작곡. 이듬해 볼테르를 만남.

1745년   인생의 결정적인 여성인 10세 연하의 테레즈 르 바쇠르Thérèse Le Vasseur를 만남.

1749년   디드로의 요청으로 『백과사전』에 「음악사전」 항목을 집필.

1750년   38세의 나이로 디종의 아카데미Académie de Dijon가 주최한 학술논문 공모전에서 「과학과 예술에 대한 논고Le Discours sur les sciences et les arts」로 1등상을 수상하고 유명인사가 됨.

전성기

1751~1755년   도시생활, 예술 및 문학을 뒤로하고 '도덕적 개혁'에 대한 구상에 몰두함. 최초의 철학적 저술인 『인간 불평등 기원론Le Discours sur l'origine et les fondements de l'inégalité parmi les hommes』을 저술하여 자신의 도덕적 개혁에 이론적인 기초를 제공하였으나, 아카데미에서 거절당함. 이 책을 1755년에 대중을 위해 출간함. 1752년 오페라 「마을의 점쟁이Le devin du village」 작곡. 1755년에 『언어의 기원Essai sur l'origine des *langues*』 저술을 시작하였으나 미완성으로 남겨짐(사후 1781년에 제네바에서 출간).

1761～1762년   제네바로 돌아옴. 몽모랑시 Montmorency의 룩셈부르크 공작의 집에 기거하면서 『신엘로이즈 *La Nouvelle Héloïse*』, 『에밀 *Emile*』, 『사회계약론 *Le Contrat Social*』을 차례로 출간.

1763년   일종의 자연친화적인 삶을 찬미한 『신엘로이즈』가 큰 성공을 거두고 "자연으로 돌아가자!"는 사회적 운동을 야기함. 반면 『에밀』은 파리 의회로부터 단죄를 받았고 그로 인해 루소는 지명수배자가 됨.

1764～1767년   지명수배를 피해 스위스로 피신하였으나, 『사회계약론』 역시 제네바에서 단죄받자, 이에 대한 답변으로 자신의 삶에 대한 성실한 고백인 『고백록 *Confessions*』을 저술하기 시작함(사후 1781년에 출간). 1767년 『음악사전』 출간.

말년

1768년   흄의 초청을 받고 영국으로 건너갔으나, 곧 흄의 의도를 의심하여 파리로 되돌아옴. 인생의 지속적인 동반자였던 테레즈 르 바쇠르와 정식으로 결혼함.

1772년   파리 정부의 상대적으로 우호적인 분위기 속에서 평온한 삶을 보냄. 위엘로스키 Wielhorsky 공작의 부탁으로 폴란드 정부에 대한 글을 씀.

1776년   『루소, 장 자크를 심판하다』 저술.

1778년 『고독한 산책자의 꿈 *Les Rêveries d'un promeneur solitaire*』에 대한 저술을
시작하였으나, 완성하지 못한 채로 7월 2일 에르므농빌Ermenonville에
서 향년 66세의 나이로 사망함.